小学館文庫

スターバックス マニアックス

小石原はるか 著

one cup at a time
one customer at a time

※４つのマグには歴代のサイレンが描かれています。初代（左上）、二代目（右上）、三代目（左下）、現在（右下）のロゴです

小学館文庫

Chocolate
or
STARBUCKS COFFEE
PIKE PLACE
STARBUCKS COFFEE

スターバックスで、私、変わりました

「うっ、濃いぃ!」

これが、スターバックスのコーヒーへの第一印象。1996年、アトランタオリンピックの取材で現地に滞在していたときのこと。オフィスから一番近いコーヒーショップがスターバックス、という環境。当時はもっぱらの紅茶派で、コーヒーは好きではありませんでした。が、眠気覚ましにコーヒーでも……、と思って飲んだスターバックスの味に衝撃を受け、以後毎日通うように。2日目にはもう、フタ付きのマグを購入していた事実を振り返ると、我ながら〝それまでのコーヒー観を、ひっくりかえされてしまったんだわー〟と思います。

「うっ、濃いぃ!」とは思ったけれど、それは嫌な濃さではなかった。コクがしっかりとあるけど、過剰な苦味や酸味はない。コーヒーに対して〝苦手だ〟と思っていた要素が、払拭されていたのです。

オークションサイトでグッズを集めるようになったきっかけの、トラベルプレス★

渋谷文化村通り店オープン時に、スタンプカードを集めてもらった、非売品のデミタスカップ★

★印は著者私物

オリンピックが終わり、スターバックス通いの日々に別れを告げて戻ってきてみるとうれしいニュースが。なんと、日本のスターバックス1号店・銀座松屋通り店が、ちょうどオープンしていた！　この、あまりのタイミングのよさに、なにやら運命めいたものを（勝手に）感じてしまい、スターバックス熱は下がることなく、むしろ、それ以降確実にエスカレートしていくことになります。

ところで、銀座松屋通り店以降の、スターバックスの出店場所ってご存知ですか？　2号店がお茶の水村田ビル店、そして3号店が八重洲地下街店。このセレクトは、はっきり言って渋い。どう考えても、渋い。ブランドのイメージからすると、青山・表参道界隈にどかーんと出てきそうなものじゃないですか。ましてや、サザビーが関わっているんだし。そう思った私は、当時連載していた「東京人」という雑誌に、こんなタイトルでスターバックスに関する記事を書きました。

「本気の日本上陸」。

シドニーのシティマグ。冷静に考えると観光地のペナントを買い集めるようなものだが……★

2000年の夏、取材でシドニーに滞在していたとき、毎朝通ってスタンプ収集した思い出のカード★

〝浮ついた気持ちではない！〟というメッセージ性を感じさせる出店場所。これもまた、私にとってはスターバックス熱の上昇に拍車をかける事実でした。そんなこんなで4年。気づけば生活は激変。

どこかへ出かけるときは、目的地あるいは通過地点にスターバックスがないか事前に確認するように。そして、お店を訪れたなら、積極的にカスタムオーダー。その際、期間限定のメニューなどあれば、もちろん率先して注文。そして、ほっとひとときくつろぎます。グッズの収集も当たり前。お店にあるものだけでなく、年代モノやレアアイテムを求めて、ネットオークションをさまようように。当然、旅先でのスターバックス訪問とご当地グッズの収集も習慣化。2001年はじめには、聖地巡礼気分で、ついにシアトルの1号店へも。最近は、お店で味わうのに加えて〝自作派〟への道も歩み始めました。いろいろな豆を味わっているうち、少しずつ違いがわかってきたような。

5年前には考えられなかった、コーヒー、そしてスターバックスのある生活。あなたもご一緒にいかがですか？

本場のクリスマスシーズンは、カップにはめるスリーブのデザインもクリスマス仕様でした★

ついに買ってしまった「バリスタ」！ 思ったよりも操作は簡単。掃除がちょっと大変ですが……★

PRODUCED by Webooks Inc.
art direction WATANABE Yoshinori
design SEKINE Eri, SAKURAI Kaori
compilation OHMURA Hiroyuki
photographs IGARASHI Miya (Shogakukan,Inc), OSAWA Makoto
illustration ABE Yumiko
director SHONO Mihoko (Shogakukan,Inc)

この本の取材にあたってはスターバックス コーヒー ジャパン 株式会社にご協力をいただきました。
※すべての商品の価格は税抜き価格。また2001年6月現在の商品ラインナップです。

CONTENTS

Starbucks Maniax

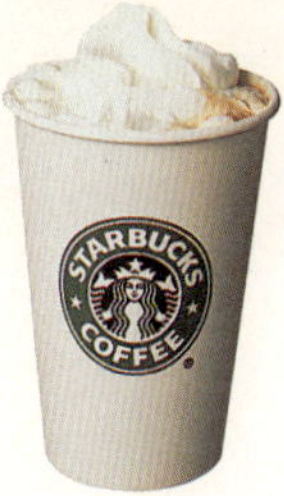

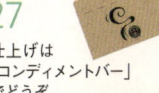

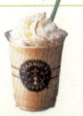

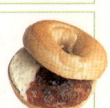

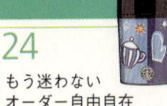

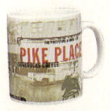

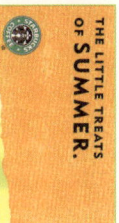

Starbucks Maniax

STARBUCKS ALL STARS

スターバックスで私たちを迎えてくれる、魅力的なメニューたち。
そのすべてを紹介します

スターバックスの味を代表する2大ドリンク

スターバックス ラテ
Caffè Latte

S ¥280 T ¥320 G ¥370

スターバックス会長、ハワード・シュルツ氏が、イタリアでその味に感激した、という「ラテ」。現在のスターバックスの、原点ともいえるドリンクです。

本日のコーヒー
Coffee of the Day

S ¥250 T ¥290 G ¥320

"本日の"と付いているとおり、日によって使用する豆が違います。さらには、お店によっても種類は違うこともあるので、1日に何店かハシゴして、飲み比べをするのも楽しいです。

コイシハラのお味見コメント

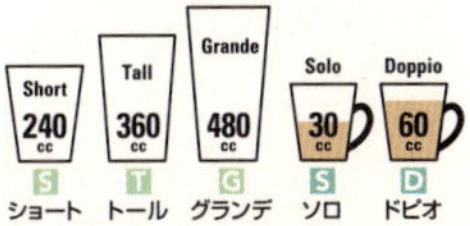

※マグカップ、タンブラーなど容器を持参すると20円引きになります。
※商品の価格は一部異なる店もあります。

エスプレッソのベーシックな飲み方は3通り

エスプレッソ
Espresso

S ¥250 D ¥300

受け取ったら、とにかく間髪入れずー気に飲む。これがもっとも正しい味わい方です！

エスプレッソ コンパナ
Espresso Con Panna

S ¥250 D ¥300

エスプレッソ特有のコクに、ホイップクリームが加わって、よりこっくりとしたリッチな味に。

エスプレッソ マキアート
Espresso Macchiato

S ¥250 D ¥300

泡と混ぜずに飲み、口の中で、苦さとミルクの甘みを溶け合わせつつ味わうのがおすすめ。

エスプレッソベースのドリンクはこちら

キャラメル マキアート
Caramel Macchiato

S ¥320 T ¥360 G ¥410

登場以来、こよなく愛する1杯。“固形”のキャラメルをそのままとかしたような、濃厚なソースが絶品！

カプチーノ
Cappuccino

S ¥280 T ¥320 G ¥370

フォームミルクがたっぷりの、優しい口あたり。ふわふわの泡が消えないうちに飲むべし！ です。

カフェ モカ
Caffè Mocha

S ¥300 T ¥340 G ¥390

チョコレート風味にホイップ、という合わないはずのない最強の組み合わせ。デザート代わりならこれ。

カフェ アメリカーノ
Caffè Americano

S ¥250 T ¥300 G ¥350

エスプレッソ＋お湯、だからマイルド。濃い目のコーヒーはちょっと……、という人もこれなら大丈夫。

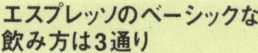

「フラペチーノ」はクールなフローズンドリンク

コーヒー フラペチーノ
Coffee Frappuccino®

S ¥280 T ¥320 G ¥360

わかりやすく表現すると「コーヒー牛乳をフラッペ状にした」感じ。でも、コーヒーの風味の豊かさは、比較になりません。

エスプレッソ フラペチーノ
Espresso Frappuccino®

S ¥330 T ¥370 G ¥410

冷たい中にも、エスプレッソのコクが感じられる、オトナなフラペチーノ。さらに、エスプレッソを1ショット追加(¥50)しても。

ランバ フラペチーノ
Rhumba Frappuccino®

S ¥380 T ¥420 G ¥460

パフェのようなルックス通り、甘いもの好きにはたまらない。チョコソースと混ぜ込まれたチョコクッキー、“Wチョコレート”で大満足。

モカ フラペチーノ
Mocha Frappuccino®

S ¥300 T ¥340 G ¥380

コーヒー フラペチーノにチョコシロップをプラス。ランバ フラペチーノの甘さが、5段階評価の「5」なら、これは「3」くらい？

キャラメル フラペチーノ
Caramel Frappuccino®

S ¥380 T ¥420 G ¥460

ランバ フラペチーノ同様、これ1杯でデザート並みの満足感が。キャラメルの“甘苦い”テイストは、冷たくしてもイケます！

すっきり、さわやかなアイスドリンク

アイス カフェ モカ
Iced Caffè Mocha

S ¥300 T ¥340 G ¥390

フラペチーノ以外のアイスドリンクで唯一甘みのあるもの。でも、エスプレッソが効いていて、想像するよりチョコシロップの味は控えめ。

アイスコーヒー
Iced Coffee

S ¥250 T ¥290 G ¥320

「本日のコーヒー」同様、使用する豆は日替わり。冷たくするとホットで飲むとき以上にそれぞれの豆の持つ個性がくっきり感じられます。

アイス カフェ アメリカーノ
Iced Caffè Americano

S ¥250 T ¥300 G ¥350

夏の蒸し暑い日に、特に飲みたくなるのがコレ。ほどよい苦味とすっきりした後味で、リフレッシュ効果が高い！

アイス スターバックス ラテ
Iced Caffè Latte

S ¥280 T ¥320 G ¥370

エスプレッソだけでなく、使われているミルクのおいしさを再認識できるドリンク。シンプルだけど、存在感アリ。

コーヒー以外のドリンクはこちら

ティー、ハーブティー
Tea,Herb teas

S ¥250 T ¥290 G ¥320

スチームミルク
Steamed Milk

S ¥280 T ¥320 G ¥370

ホット ココア
Hot Chocolate

S ¥280 T ¥320 G ¥370

アイスティー ブレンド
Iced Tea

S ¥250 T ¥290 G ¥320

フレッシュ　ジュース
Fresh Juice

¥300

チルドレンズスペシャル
（ミルク、ジュース、ココア） ¥180
Kid's Milk, Juice or Hot Chocolate

12歳以下のお客様対象

ダブルスクイーズ™
Double Squeeze™

¥350

ラズベリーとバナナ、両方が見事にマッチしているのに、それぞれの味はきちんと感じる。ありそうでなかった味。

コーヒーにぴったり！のおいしいフードたち

アーモンドクランチロール ¥250

生地の部分は甘みが少なく、見た目に反して、あっさり味。上にはアーモンドアイシングが。

スティッキーピーカンバンズ ¥250

「ねばねばする」(sticky) という名前どおり、濃厚なキャラメルソースがたっぷり。

シナモンロール ¥250

食べでのあるフードNo.1! テイクアウトしたときは、家で軽く温めるとシナモンの風味がより豊かに。

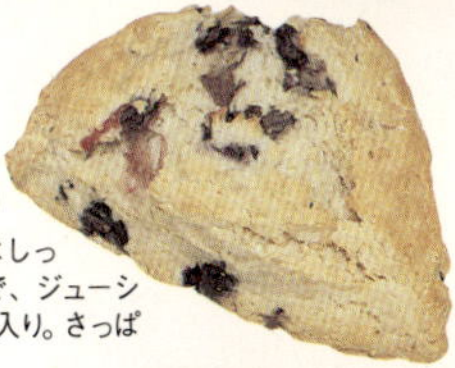

ブルーベリースコーン ¥200

割ると、中はしっとり。大粒で、ジューシーなブルーベリー入り。さっぱりした後味です。

チョコレートチャンクスコーン ¥200

まるで板チョコを割ったような、かみごたえのある、チョコレートの塊がごろごろ入ってます。

メイプルオートナッツスコーン ¥200

メイプル風味のアイシングがクセになる！スコーンはアメリカと同じ生地を使用。

クランベリーオレンジマフィン ¥220

クランベリーとオレンジの酸味がさわやか。コーヒーもいいけど、紅茶にもマッチしそう。

チョコレートマフィン ¥220

チョコレート味の生地に、ダイス状のチョコ。甘そうに見えるけど、意外とビターです。

バタークロワッサン
¥150

5月にリニューアルされ、ころんとした三日月型に。生地もより風味よく。

チョコレートクロワッサン ¥210

中にチョコレート入り。ミルクを使ったドリンクと食べるとぴったり。

スモークサーモン&クリームチーズ ¥380

サーモンとクリームチーズは、ベーグルの具としてベストコンビ。もっちりとしたベーグルもあいまってかなりのボリューム。

バルサミコチキン ¥380

バルサミコドレッシングでさっぱりと食べられるピタサンド。野菜もたっぷり入ってます。

チャイニーズチキンサラダ ¥380

豆板醤入りドレッシングが本格派。具をこぼさないように食べるには、ややワザがいる？

ホワイトチョコレートマーブルブラウニー ¥230

ホワイトチョコレート独特の風味がしっかりとあり、見かけによらず濃厚な味わい。

ウォールナッツブラウニー ¥230

小さいけれど、食べ応えあり。満足感の高いブラウニーです。もちろん中にはクルミ入り。

ダブルチョコレート&ヘーゼルナッツビスコッティ ¥120

ドリンクに浸しながらいただくと、ドリンクもうっすらチョコレート風味に！

ティラミス ¥350

残念ながら6月12日で販売終了となります…。でも、秋には再登場するとのウワサ。

アーモンドビスコッティ ¥100

2度焼きした、ハードな食感が特徴。ホイップを追加（¥50）しても楽しめそう。

チョコレートチャンククッキー

¥160

オートミールレーズンクッキー ¥160

しっとりした生地が独特なクッキーは全部で4種類。どちらも“アメリカのお母さんが焼いてそう”な、素朴な味。

キャンディーポップコーン

（ティラミス）¥350

キャンディーポップコーン

（キャラメル）¥350

キャンディのようにカリっとコーティングされているから歯ざわりがいい。ついつい手が出て、気づいたら1袋ペロリ、なんてことも。

コーヒーキャンディ ¥350

スターバックスならでは、深煎り豆の本格的な香りを感じさせるキャンディです。

アフターコーヒーミント

（ペパーミント）¥280

コーヒーの後、だけでなく、リフレッシュしたいときにも、ミントがピリッと効きます。

ショートブレッドクッキー

（レモン&ジンジャー）¥680

バターたっぷり、サクサクとした食感が楽しいクッキー。レモンと生姜の組み合わせが新鮮。

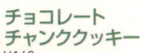

2001年のニューフェイス

5月にフードメニューが一新！ 新しい味がいっぱいです

もう味わってみました？

ベーコン・レタス・トマト(B.L.T.) ¥400

軽くトーストしたイギリスパンの匂いが食欲をそそります。サンドされたベーコンが大きい！

フィグ&クリームチーズ
¥320

いちじくジャムとクリームチーズ、という新しい組み合わせ。シナモンがアクセント。

ツナ&パンプキンサラダ
(右) ¥340

エッグ&キャロットサラダ(左)
¥320

三角サンドも完全リニューアル。いずれも、緑黄色野菜をたっぷり使ったヘルシー感のあるもの。朝ごはんやランチに最適。

キャロットケーキ(左)
¥250

ブルーベリークランブルケーキ(右)
¥260

重量感のあるケーキが新登場。キャロットは甘さ控えめ。対照的に、ブルーベリーのほうはしっかりと甘く、特に疲れているときに手が伸びそう。

マシュマロ&チョコレートクッキー
¥160

マシュマロや、ホワイトチョコレートといった、甘党なら見逃せない組み合わせ。エスプレッソドリンクとの相性も抜群。

ホワイトチョコレートマカダミアクッキー ¥160

ブルーベリーマフィン

このマフィン、実は5月の期間限定販売だったんです。食べ損ねてしまって残念！

レモンスコーン ¥200

ほかのスコーンとはちょっと違う、しっとりとした食感。やさしい味です。

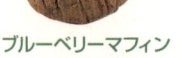

6月登場の最新メニューはこちら

ラズベリー フラペチーノ
Raspberry Frappuccino®

S ¥350 T ¥390 G ¥430

マンゴーシトラスに続いて、ノンコーヒーベースのフラペチーノが登場。見た目も鮮やかで人気を集めそう。

6/13 → 9/18

6/13 → 9/18

ラズベリー モカ フラペチーノ
Raspberry Mocha Frappuccino®

S ¥380 T ¥420 G ¥460

モカフラペチーノをベースにして、特製のラズベリー入りチョコレートクッキーをブレンド。フルーティーだけど、リッチなテイスト。

シーザーサラダ
Caesar salad

¥400

ゲートシティ大崎店だけで販売されていたサラダが、全店舗で食べられるようになる。ロメインレタスにクルトンとドレッシングがたっぷり。

こちらは熱いラブコールに応えて復活！

マンゴー シトラス フラペチーノ
Mango Citrus Frappuccino®

S ¥350 T ¥390 G ¥430

期間限定

2000年の夏に登場、大人気となったマンゴーシトラスフラペチーノがカムバック。しかも今年はホイップクリーム付きです！ 9/18まで。

Q 「バリスタ」って何？

小石原所蔵品

シアトルを訪れた際に発見したキャニスター。しかし、マグやらタンブラーやらで、トランクがいっぱいになってしまい、泣く泣く購入を断念。帰国後、あきらめきれずにオークションにて入手、再会を果たす。感涙。

A

イタリア語ではバーテンダーの意。スターバックスではコーヒー抽出技術者のこと。すべてのパートナーがバリスタのトレーニングを受けてからお店に立ちます。店頭で販売している特製エスプレッソマシンにもこの名前が付けられています。

スターバックスへ行こう!

なにはともあれ、まずは足を運んでみてください。
おいしいコーヒーの香りと、バリスタの笑顔が
温かく迎えてくれます

カップの中身はこうなっています。レシピ全公開

定番のコーヒードリンクは、どんな材料でできているのか。気になる、全18種類のカップの中を調べてみました

-----おいしいドリンクの材料たち-----

本日のコーヒー

16種類の定番豆(+あれば、期間限定の豆)の中から1種を、その日のコーヒーとして提供。種類は、各店とも在庫状況によって違う。ディカフェは随時1種類。

エスプレッソ

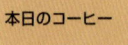

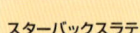

多くのドリンクのベースとなっている、スターバックスの味の核。本来持っているカラメルのような甘みやふくよかな香りを楽しめるのは、抽出後わずか10秒程度。

スターバックスラテ

エスプレッソに、スチームミルクとふわふわの泡。定番中の定番。

カプチーノ

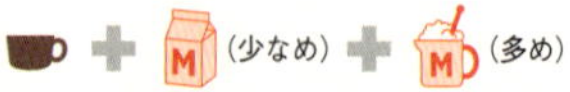

入っているものはラテと同じだけれど、ミルクのバランスが違います。

カフェ アメリカーノ

お湯には、特製の浄水器でろ過した新鮮な水を使用。

カフェモカ

ミルクに、チョコレートシロップとホイップが溶けあってまろやか。

**キャラメル
マキアート**

バニラの香りのラテに、リッチなキャラメルソース。

**エスプレッソ
マキアート**

マキアートは、イタリア語で「シミをつける」という意味。

**エスプレッソ
コンパナ**

コンパナは、やはりイタリア語で「ホイップ入りの」という意味。

アイスコーヒー

ホットの2倍の濃さでいれるのがスターバックスのレシピ。

**アイス
スターバックスラテ**

厳選したミルクを使っているから、混ぜ物なしでも。

**アイス
カフェアメリカーノ**

すがすがしい中に、エスプレッソならではのほろ苦さも楽しめる。

アイスカフェモカ

ホットのカフェモカと違い、アイスはホイップクリームはなし。

**コーヒー
フラペチーノ**

コーヒーは、イタリアンロースト（豆の種類）でいれたものを使用。

**エスプレッソ
フラペチーノ**

コーヒーフラペチーノに、エスプレッソを1ショット追加。

モカフラペチーノ

フラペチーノミックスは、特製の低脂肪シロップです。

**キャラメル
フラペチーノ**

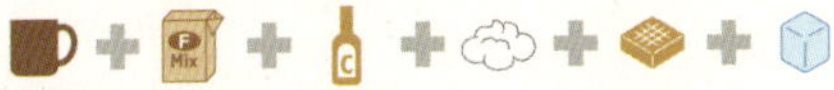

シロップとソースで、キャラメルづくし。

**ランバ
フラペチーノ**

特製のランバチップが、味のアクセント。

もう迷わない
オーダー自由自在

**カスタマイズ*の仕方が何通りもあるがゆえ、悩んでしまう。
スターバックスでのオーダーのコツ、マスターしましょう**

BEGINNER CLASS

初級

「何をどうやって頼めばいいのか、わからない!」というビギナーの方、ご安心を。今は、レジに写真入りメニューが用意されています。

『(レジのメニューを見て)これ、ください!』

MIDDLE CLASS

中級

飲みたいものが決められるようになったら、聞かれる前にサイズを伝えるようにするとスピーディーです。また、少しカスタマイズもしてみましょう。たとえばミルクの変更。

『トールのラテを、低脂肪ミルクでお願いします』

UPPER CLASS

上級

カスタムオーダーを何度か経験するうちに、すっかり自分の飲みたいドリンクを組み立てられるようになった、というあなた。さらに進んで、パートナーがバーパートナーにオーダーを通すときの言い方(=コーリング)みたいにお願いしてみましょう。ただ、細かい注文を盛り込んだ長いオーダーになるときは、ゆっくり、はっきり、伝えましょう!

『ダブル トール バニラ 2%(ツーパーセント)
ラテください!』

アイス(orホット) → ショットの数 → サイズ → シロップ → ミルク → ドリンク

*カスタマイズとは？　基本のレシピをもとに、好みに応じてアレンジすること。

カスタムオーダー早わかり

何を？	どうする？	何て言う？
エスプレッソのショット	追加する（50円）	ダブル、トリプル、クアトロ……
	半分のお湯で抽出する	リストレト
フレーバーシロップ（バニラ・ヘーゼルナッツ アーモンド・キャラメル）	追加する（各50円）	バニラ／ヘーゼルナッツ／アーモンド／キャラメル
ホイップクリーム	追加する（各50円）	ウィズホイップ
	量の調節	エキストラホイップ（多め）／ライトホイップ（少なめ）／ノンホイップ（なし）
ミルク	追加する（各50円）	カフェミスト（＊「本日のコーヒー」に追加する場合）
	種類を替える	ノンファット／ローファット（2%）／ソイ（一部店舗のみ）
	量の調節	多め／少なめ
	泡の量の調節	フォーミー（多め）／ノンフォーム（なし）【カプチーノの場合は、ドライ（多め）／ウェット（少なめ）】
	温度の調節	エキストラホット（熱め）／ぬるめ
ホットウォーター コールドウォーター（アメリカーノのみ）	量の調節	多め／少なめ
	温度の調節	エキストラホット（熱め）／ぬるめ
氷	量の調節	多め／少なめ（フラペチーノでも可能）／なし

■色＝有料　■色の文字＝無料

「Just Say Yes!」の精神で、かなりのわがままオーダーにも笑顔で対応してくれます。細かなオーダーに関しても、パートナーには上に一部挙げているように、決まった呼び名や言い回し（＝コーリング）が存在します。ですから、「こんな風にしてもらいたい」という希望があるときは、まずは「できますか？」と聞いてみましょう。そんな、パートナーとの会話も、スターバックスの楽しさのひとつですから。

では、このカップの中身は？

カップの横に書かれているのは、ドリンクの中身を表す記号。「ドリンクID」とも呼びます。レジを打つパートナーが注文をコーリングし、バーパートナーがカップに書き込むことでオーダーを確実にこなします。ちなみに、上のドリンクは「ダブル トール ヘーゼルナッツ ノンファット ドライ カプチーノ」。これが解読できる域に達していれば、もうオーダーは怖くない、ですよね?

仕上げは「コンディメントバー」でどうぞ。

どこのスターバックスにも必ずあるコーナー。ここでは、ドリンクをより楽しむためのアイテムを、自由に使うことができるのです

アイスのドリンクを買ったときは、ストローをお忘れなく。ペーパーナプキンは紙袋などと同様、再生紙を使った自然な色合いのもの。

豆の特徴や、家庭での楽しみ方などが書かれているパンフレット。フリーペーパーや、おすすめの豆が紹介された、しおりが置かれていることも。

ドリンクに、風味を加えるパウダー類。甘い風味のココアパウダーや、香り高いシナモンパウダー、クリーミーな味を出すバニラパウダーが。

一般的なグラニュー糖だけでなく、深みのある甘さのブラウンシュガー、アイスドリンク用にガムシロップも常備。はちみつは、ドリンクだけでなく、フード類にプラスしても。

ポットの中には、それぞれ牛乳、無脂肪牛乳、コーヒークリームが入っています。ミルクの量をさらに微調整したいときに。

柄の長いスプーンは、ドリンク類はもちろん、ティラミスなどを食べるときの必需品? 大きめのペストリーを食べるときに便利なフォークもあります。

お友達の分も頼まれて、まとめてテイクアウト、なんてときは、ポーションタイプの砂糖やガムシロップ、コーヒーフレッシュも、添えてあげて。ダイエットシュガーも用意されています。

飲用水にもこだわってます。2種類の浄水器でろ過したもので、コーヒーやカフェ アメリカーノに使用しているのと同じ。

パートナーさんおススメ カスタムオーダー

スターバックスで働く人たちは、どんな飲み方をしているのか、お気に入りのカスタマイズメニューを教えてもらいました

板倉さんのおススメは……

ショート ドライ バニラ カプチーノください！

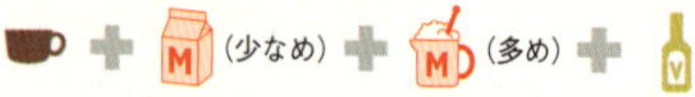

「泡が多く液体が少ないと、シロップの香りがより引き立つんです」

小池さんのおススメは……

ダブル トール バニラ ラテください！

「エスプレッソをダブルショットにすることで大人な味に。
でも、バニラシロップも足すことで、微妙な“甘苦さ”が楽しめます」

高橋さんのおススメは……

コーヒー フラペチーノ！ をオーダーした後、自分ではちみつをプラス

「はちみつは、コンディメントバーでお好きなだけかけてください。
飲む前に思いっきりかき混ぜることも忘れずに！」

羽生さんのおススメは……

リストレト ラテください！

「リストレトとは少ないお湯で抽出したエスプレッソのこと。
エスプレッソの味を、よりマイルドに楽しみたいときに」

のとおりに言う。

豊島さんのおススメは……

アイス バニラ 2%(ツーパーセント) ラテください。シロップは多めで

「2%とは、普通のミルクと無脂肪乳を合わせて作るローファットミルクのこと。
飲み口がすっきりとしていて、ごくごく飲めますよ」

飯島さんのおススメは……

アイス バニラ キャラメル ラテください!

「シロップを2種類入れるので、100円プラスになってしまいますが、
香りが豊かになってとってもおいしいんです」

後藤さんのおススメは……

トール ドライ カプチーノ!をオーダーした後、自分ではちみつをプラス

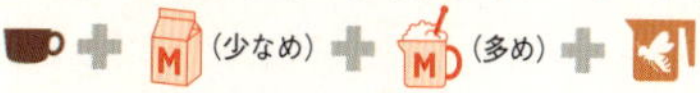

「たっぷりの泡にハチミツをかけますが、エスプレッソとは混ざらないように。
泡をスプーンですくって食べて、甘さに飽きたらエスプレッソをすすります」

河内さんのおススメは……

アイス ダブル トール ヘーゼルナッツ カフェモカ!

「甘いと思われるかもしれないけど、がぶがぶっと飲めます。
アイスだけど、好みでホイップを加えてもいいですね」

戸井さんのおススメは……

ダブル ショート キャラメル ラテください!

「甘くて、でも苦くて……という複雑な味わいが好き。
去年の秋にキャラメルシロップが登場してからは、いつもコレです」

もし、“同じものを飲みたい”と思ったら、マークのついた行のとおりにオーダーすればOK(サイズはお好みに合わせて)です。ここで紹介したのはあくまで一例。もし何を頼もうか迷ったときは、パートナーさんに尋ねたら、とっておきのレシピを教えてくれるはず!

Starbucks Maniax

「オープンハウス」は“よろしく！”のごあいさつ。

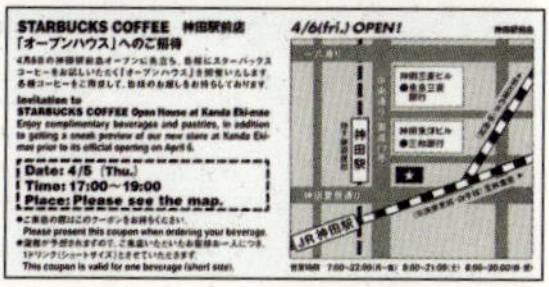

これが、クーポン。裏面には開催日時、地図などの情報が。今回は、東京・神田駅前店のオープンハウスに行ってきました。

「引越しそば」といえば、お引越しをした時に、ご近所の皆さんにおそばをふるまう風習。実は、この「引越しそば」を彷彿とさせるイベントを、スターバックスは開催しています。それが「オープンハウス」。新店舗の開店日前日、近隣の方々へのお披露目として、お店からドリンク1杯をサービスします、というもの。事前にその店舗の周辺でクーポンを配布。当日は、それを持参した人だけが入れるシステムです。もし、家や会社の近くで、緑のエプロン姿の人がなにか券を配っていたら、それはスターバックスがやってくる兆し、かも。

神田駅前店は、JR神田駅北口から徒歩1分。駅を出て右を向けば、「STARBUCKS COFFEE」のロゴが見えるほどの近さです。「神田駅北口」という交差点に面したビルの1階・2階部分なので、待ち合わせ場所にも良さそう。

店頭にはパートナーさん手書きのサインボードが。クーポンは基本的に、数日前に店舗の周辺や、近隣のスターバックスで配布。どんどん新しいお店ができるから、配っているところに遭遇するチャンスもきっとあるはず。

店内に入ると、「よろしかったら、こちらお試しください！」とパートナーさんの声。差し出されたトレイの中には、小さくカットされたビスコッティが。この日は、ほかにブルーベリースコーンも配られていました。

マシンの上にはオーダーの入ったカップがずらり。バリスタのみなさんもフル稼働で、次々にドリンクを作っていきます。この日はいわば、正式オープンを控えての最終リハーサル。ほどよい緊張感、漂ってました。

ピーク時には、1階部分がドリンクを待つお客様でいっぱいに。そのため、カウンター内のバリスタだけでなく、品物を手渡すパートナーも必死。間違いがないよう、大きな声でひとつひとつ確認しながら渡します。

席数は全部で52席。2階はソファも多く、ゆとりのある造りになっています。通りに面した側は、全面ガラス張り。この日も、見晴らしのよい窓際の席で、のんびりくつろぐビジネスマンの姿がありました。

Q パートナー＝バリスタ？ほかにどんな人がいるの？

小石原所蔵品

透明なトコにとにかくひとめぼれ。アメリカのオークションサイトで、見えないライバルたちとの闘いの末落札。手元に来てから気づいたのだけれど、温度が変わると、絵柄のコーヒー実の部分が、赤く色づくしくみ。

A パートナーはスターバックスに勤めるすべての人を指します。役職としては、ストアマネージャー（店長）が店舗に勤務。その店舗を統括するのがディストリクト マネージャー（DM）、通常5～7店舗を受け持ちます。その上がエリア マネージャー（AM）。ほかにファシリテーターと呼ばれる新人パートナーの教育係があります。みなさんバリスタですよ。

スターバックスは現在《いま》

アメリカと日本のスターバックスの違いは?
どうしたら5年間で200店以上のお店ができる?

本家スターバックスはここがちょっと違う

1971年。スターバックスは、ワシントン州・シアトルの、パイク・プレイス・マーケットで、一軒のコーヒー豆店としてスタートしました。それからちょうど30年、地図のとおり、いまやサイレンのマークは世界中でほほえんでいます。

豆の販売業から、コーヒーチェーンの経営に進出しての大成功。本国ではすでに、Webサイトでの商品販売や、レストラン形式の店舗「Cafe Starbucks」の展開など、新たなスタイルを生み出しています。また、ペプシコーラ、ユナイテッド航空、バーンズ&ノーブ

ル（書店）といった異業種の企業との提携も活発におこなっています。

「Cafe Starbucks」や書店併設の店舗は、ぜひ各国でも展開してほしい業態です。あ、瓶入りフラペチーノもスーパーやコンビニで買えるといいのに！

海外進出の場合、ドリンクメニューのレシピはアメリカとまったく同じ。ただ、種類に関しては一部違いが。たとえば、ホワイトチョコレートカフェモカやアイスキャラメルマキアートは、日本未上陸。これは今後のお楽しみ、でしょうか。

しかし、何より実現してほしいのは、やはりWebサイトでのショッピング。www.starbucks.comは日本からは買えないんだもの！

スターバックスの進出先と店舗数（2001年3月現在）日本のみ2001年5月現在

日本進出5年で200店、その急成長の理由は?

毎朝、どこかでお店が増えている!? スターバックス、驚異の出店計画の秘密とは

２００１年３月中にオープンした店舗数、26店。ほぼ毎日1店、日本のどこかで新しいスターバックスが開店していた、という計算になります。これは異例の速さだそうですが、それでも現在年間１００店ペース。２００４年３月には国内５００店舗という目標数字も掲げています。いったいどうすれば、この驚異的なペースでお店を出し続けられるのでしょう?

「確かに、開店のスケジュールだけを追っていくと、ハイスピードで出店しているようにみえるかもしれません。でも、現地に人材を確保し、2~3ヶ月かけて教育をするなど、必要なところにはきちんと時間をかけています。ただ、いくつもの出店計画が全国で同時に動いているので、その結果、すごい速さに見えるだけなんですよ」

と説明してくれたのは、店舗運営本部・エリアマネージャーの江端徳人さん。

「出店場所を決める際は、街の景観を壊さず、スターバックスが自然に溶け込める場所であることを意識してます。また、お客様の層に合わせ、内装はもちろん、椅子のタイプまで変えるなど、地域の事情に合わせることで、スムーズに受け入れていただける場合が多いんです」。

日本での歩み

1996	8・2	日本第1号店 銀座松屋通り店
1997	7・18	横浜1号店 横浜「アット!」店
1998	9・25	千葉1号店 船橋ららぽーと店
	11・28	大阪1号店 梅田HEP FIVE店
1999	4・29	神戸1号店 神戸国際会館SOL店
	6・18	京都1号店 京都四条通ヤサカビル店
2000	2・7	100号店 山王パークタワー店
	3・11	名古屋1号店 名古屋JRセントラルタワーズ店
	4・26	九州1号店 福岡ホークスタウン店
	9・1	埼玉1号店 さいたま新都心店
	10・6	仙台1号店 仙台エスパル店
2001	1・24	200号店 立川伊勢丹店
	3	14・15日、アンバサダーカップ開催
	4・11	広島1号店 紙屋町シャレオ店
	4・27	北海道1号店 札幌パルコ店
	5・2	新潟1号店 新潟万代シティ店
	5・30	コーヒー豆専門店オープン
2004	3	日本国内に500店舗達成(予定)

入念なリサーチを行なうことで、利用客のハートを掴むわけね。その成果か、ある店舗は、地元商店会の集会場所として愛され、商店会の強い要望により営業時間を長くした、という話もあるそう。

「２００１年4月に開店した札幌パルコ店では、オープン日に大勢の方に来ていただいたため1時間待ちに。それでも〝北海道に来てくれてありがとう!〟と言ってくださって。私たちの街にもお店を出して、というご意見は、ありがたいことにたくさんいただいています」

増え続ける理由は、システム的なものだけでなく、的確なリサーチときめ細かい地元への対応がポイント。さらに、日本中の期待が後押ししているのですから、スターバックス５００店舗達成に向け死角なし!?

STARBUCKS COFFEE
フラペチーノ
¥350 ¥390
I live to
STARBUCKS!
FRAPPUCCINO
of icy goodness.
He who loves not coffee,
remains a fool his whole life long.
The good life is one inspired by coffee and
guided by STARBUCKS.
A Cup of Coffee
Makes Me Happy!

A good coffee is
sunshine in a house!
Starbucks Coffee is
My Favorite.
STARBUCKS COFFEE
チョコレート チャンク スコーン
Chocolate Chunk Scone
¥200
スターバックスコーヒーでは
コーヒーの味と香りを
お楽しみいただくため、店内は
禁煙とさせていただいております。
ありがとうございます。
STARBUCKS COFFEE

Q スコーンはどこで焼いてるの？

小石原所蔵品

聞けば、ハワイのスターバックスは、グッズの宝庫だという。が、今のところ行くチャンスがない。ただ、このところ偶然周りでハワイに行く人が多いので、彼らの助けを借りて、グッズ収集に励む日々。これもそのひとつ。

A

焼いているのは日本国内ですが、生地はアメリカから輸入したものを使っています。ちなみに、ゲートシティ大崎店は、日本で唯一キッチンを併設している店舗で、スコーンもそこで焼いたものを提供。朝早く行けば、焼きたてのものが食べられる可能性大、です。

Starbucks Maniax

おうちでスターバックス

自分の家でもスターバックスの味を楽しみたい。
そんな願いをかなえるための秘訣を紹介します

おいしいコーヒーの4つの基本

お店で飲むあの味を家でも。そう思ったら、まずはこの4か条を覚えましょう

1 おいしい水

質のよい豆を用意しただけでは、おいしいコーヒーは作れません。浄水器を通した新鮮な水、またはミネラルウォーターで、しかも冷たいものを用意しましょう。コーヒー豆の風味をもっとも引き出す温度は90〜96度。ポットを火にかけている間はそばを離れず、沸騰直前のタイミングを見極めて。

2 適切な豆の挽き具合

適切な挽き具合は使う器具によって変わります。基本は「抽出時間が短い器具には細かい粉」。たとえば、20秒前後という短時間で抽出するエスプレッソマシンに粗い粉を使っては、十分に風味を引き出すことはできません。代表的な器具と、ベストな挽き方は以下の通りです。

粗挽き……………………	スターバックスおすすめ、コーヒープレス（P.54参照）
中挽き……………………	平底式フィルターを使った、一般的なドリップ式
細挽き……………………	三角形のペーパーフィルター
ざらざらした粉末状……	エスプレッソマシン

3 正しい分量

スターバックスのおすすめのレシピは、左の図の通り、180mlの水に対してコーヒー大さじ2杯、となっています。飲み方や好みによって分量を変えましょう、という意見も確かにあります。でも、スターバックスならではの力強いコクや芳醇な香りを楽しみたいのなら、やはりこの分量どおりにいれるべき。お店の味に、ぐっと近づけるはずです。

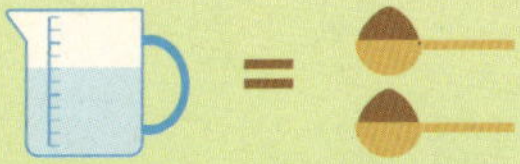

カップ1杯の水（180ml）

コーヒー豆大さじ2杯（10グラム。スターバックス専用スプーンなら1杯）

4 豆の新鮮さ

豊かな風味が命のコーヒー豆。でも、時間が経ち、空気に触れるほどに豆は劣化し、風味を失っていきます。一番理想的なのは、少量ずつ買い、いれる直前にその都度挽くこと。それが無理でも、一度挽いた豆は一週間以内には使い切りたいものです。そして、鮮度をできるだけ保つためには、フタがきちっと閉まる、空気を遮断する容器に入れること。保存場所は冷蔵庫など、直射日光が当たらない涼しい場所がベストです。最後に、鮮度の大切さは抽出したコーヒーについても同様。いれたての、おいしいうちに味わって！

味の決め手は、当然「豆」です。

スターバックスの、豆へのこだわりをご紹介します

アラビカ種

世界中から最高級のアラビカ種、それも標高９００ｍ以上の高地産を厳選。この種にこだわるのは、ほかのものでは「スターバックスロースト」に耐えられないから。

スターバックスロースト

高熱で、じっくり時間をかけてローストすることでそれぞれの豆の特徴を完全に引き出すロースト法。一般的なものより濃い栗色をしています。

一週間

店頭では、開封してから一週間経った豆は使いません。もったいないように思えますが、空気に触れることで風味はどんどん落ちます。品質を守るためのきまりなのです。

品切れ

コーヒー豆は、生産地の気候などの都合によって品不足になる場合も。スターバックスの求めるクオリティーの豆が入ってこないときはあえて「品切れ」にします。

【ローストの流れ】

グリーンビーン

これは、ローストする前の生の状態です。

イエローロースト

水分だけがなくなった段階の色。さらにローストは続く。

シナモンロースト

一般的なロースト。でも、本当はまだ風味が弱いのです。

スターバックスロースト

酸味と甘味のバランスの取れた、完熟した豆の完成!

ちょっと勉強。
豆はどこからやってくる?

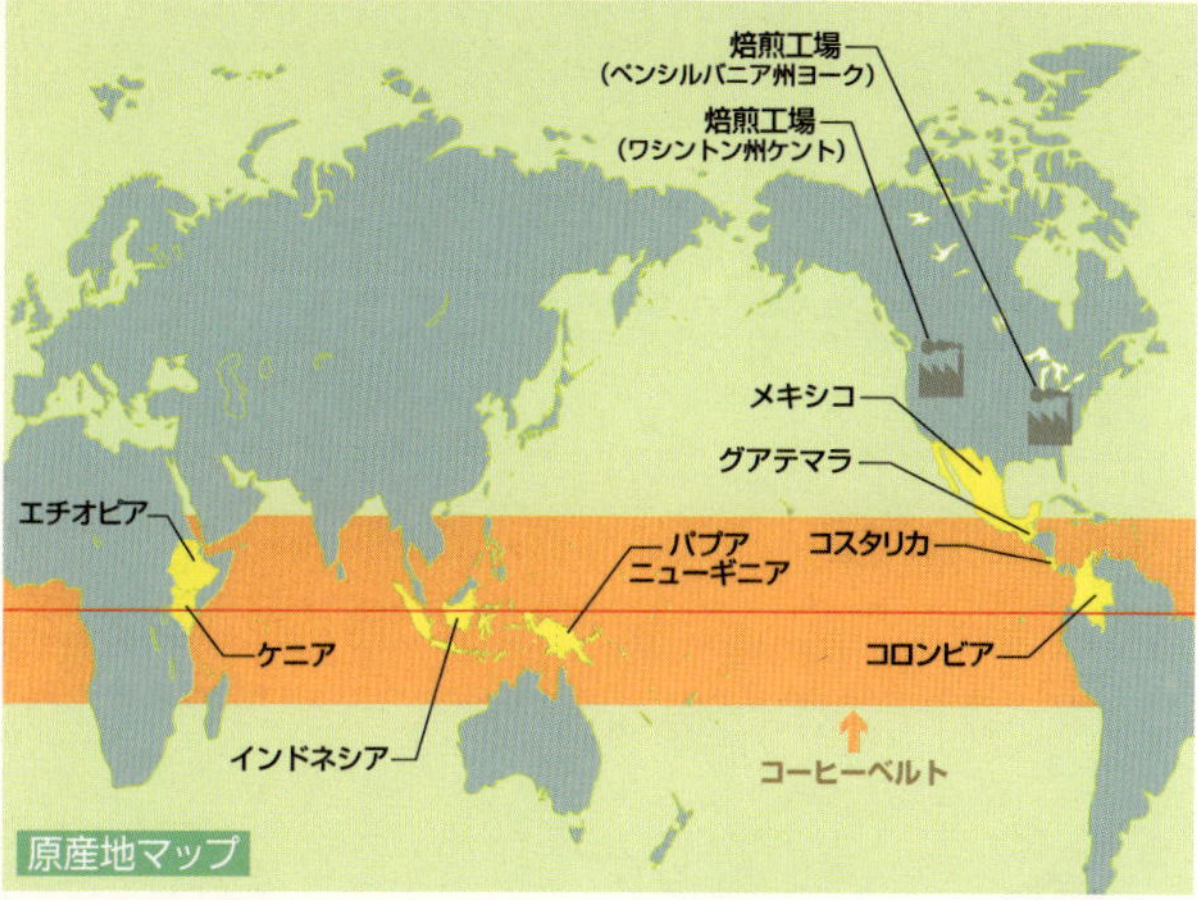

コーヒーは主に、南・北緯25度のゾーンで栽培されています。そのため、赤道沿いのこのエリアは「コーヒーベルト」と呼ばれています。生産国数は約50か国ですが、なかでも“世界の3大生産地”と言われるのが、アフリカアラビア、インドネシア、ラテンアメリカのエリア。

スターバックスのコーヒーバイヤーは毎年農園を訪ね、実際に味わった上で、納得のいく品質のものだけを買い付けます。こうして、生産者と密にコミュニケーションをとることで、よりよいコーヒー豆が生まれるのです。

コーヒーの世界を巡るパスポート

世界中からスターバックスが厳選した豆を飲み比べるのに便利な「コーヒーパスポート」。スタンプを集めると豆のプレゼントもあるので、店頭で見かけたら手に入れて。

これがスタンダード。
定番豆16種類全カタログ

**さわやかさ、コク、力強さ、豊かさ、なめらかさ、香り、複雑さ……
コーヒーのさまざまな魅力が、これらの豆につまっています**

Lively Impressions	さっぱりとした鮮やかさと風味の豊かさが共存。バランスがよく、誰からも愛される豆です。
RICH TRADITIONS	複雑さと、奥行きの深さがなによりの特徴。なめらかさとコクを、ゆったりと味わいたい豆です。
BOLD Expressions	個性的で、いろいろなフードとのペアリングが楽しい豆。飲むたびに、新しい発見があります。
DECAFFEINATED Classics	カフェインはしっかりと除去。でも、コーヒー本来の風味や豆の持つおいしさは、きちんと味わうことができます。

＝アイスコーヒーに向く豆です。

ハウス ブレンド
House Blend

100g＝¥380

Lively Impressions

スターバックスの代表的ブレンド。ラテンアメリカ産の豆を使った、コクと酸味のバランスのよい、飲みやすい味です。ラベルの絵は、社名の由来となった小説『白鯨』にちなんだもの?

コロンビア ナリーニョ スプレモ
Colombia Nariño Supremo

100g＝¥410

Lively Impressions

コロンビアで最高の栽培地として知られる「ナリーニョ地方のNo.1」という意味の名を持つストレートコーヒー。スターバックスが特別に取り寄せたものです。クルミを思わせる独特の芳香が特徴。

ドリンク同様、豆も袋やキャニスターなど、容器を持参すると20円引きになる。また、豆は購入後でも店に持って行けば、好きな粗さに挽いてもらえます。

ユーコン ブレンド™

RICH TRADITIONS

Yukon Blend™

100g=¥410

さわやかな中南米産の豆と、重厚なインドネシア産をブレンド。両者が混ざることにより、インドネシア産ならではの個性を残しつつも、飲み口はマイルドに。

カフェベロナ™

RICH TRADITIONS

Caffè Verona™

100g=¥410

スターバックスで、デザートに合うコーヒーといえばまずこれ。ユーコン ブレンド80%とイタリアン ロースト20%をブレンドした、「80/20ブレンド」として親しまれている歴史あるブレンド。

エスプレッソ ロースト

RICH TRADITIONS

Espresso Roast

100g=¥380

お店でいれるエスプレッソには、すべてこの豆を使用。カラメルを思わせる、香ばしいローストの風味とわずかな甘みが特徴。世界のスターバックスでもっとも売れている豆。

イタリアン ロースト

RICH TRADITIONS

Italian Roast

100g=¥400

個性的な風味と漂うスモーキーさが、深煎り豆を好きな人にも人気。フレンチ ローストほどには焙煎の風味が強くなく、エスプレッソ ローストのような甘さも残している。

グアテマラ アンティグア

RICH TRADITIONS

Guatemala Antigua

100g=¥420

ストレートコーヒー。グアテマラ有数の栽培地より収穫。洗練された酸味を持つ。口にした瞬間のシンプルな風味と、後から感じるココアパウダーのような味わいまで変化を楽しめる。

基本的には、どの豆もストレートで味わうのがおすすめ。でも、もしミルクを入れるなら、酸味が少なく、コクのあるものを選びましょう。たとえば、スマトラ。

ケニヤ

RICH TRADITIONS

Kenya

100g＝¥420

人気の高いストレートコーヒー。グレープフルーツのような、柑橘系の強い風味が特徴。酸味も強く、重さを感じさせない。アイスで飲むのに非常に適した豆。

アラビアン モカ ジャバ

BOLD Expressions

Arabian Mocha Java

100g＝¥470

世界で初めてブレンドされたコーヒー、という伝説がある。オランダ人がアラビアンコーヒーを口にしたときに、もう少しコクを足そうと、ジャワ島産の豆を混ぜたのがはじまりだとか。

ゴールド コースト ブレンド™

BOLD Expressions

Gold Coast Blend™

100g＝¥430

スターバックスが、シカゴに進出した記念に作られたオリジナルブレンド。繊細な風味と深いコク、都会を連想させる大胆で洗練された味わいが特徴。

フレンチ ロースト

BOLD Expressions

French Roast

100g＝¥400

厳選した硬豆を使ったダークロースト。強く、スモーキーな香りが印象的で、豆そのものの風味というよりは、ローストの風味を楽しむべき豆。コーヒープレスでいれるのがおすすめ。

アラビアン モカ サナニ

BOLD Expressions

Arabian Mocha Sanani

100g＝¥670

ストレートコーヒー。野性味あふれる豆で、スパイス、ラム、トロピカルフルーツなど飲むたびに違った顔を見せる。常に飲む者の好奇心を刺激する複雑な風味を持つ。

抽出したあとのコーヒー豆、どうしてますか？　植木鉢のなかに入れれば肥料として、冷蔵庫に入れれば脱臭剤として、再び活躍してくれます。

エチオピア シダモ

BOLD Expressions

Ethiopia Sidamo

100g=¥410

コーヒー発祥の地であるシダモ産のストレートコーヒー。バイヤーも常に注目する産地。フローラル系の香りを持ち、レモンのような柑橘系の風味と軽い後味を楽しめる。

スマトラ

BOLD Expressions

Sumatra

100g=¥390

ストレートコーヒーの中では、スターバックスでNo.1の人気を誇る豆。舌をおおうような強いコクと、インドネシアの大地の香りが特徴。酸味は少なく、スムースに飲める。

スラウェシ

BOLD Expressions

Sulawesi

100g=¥490

ストレートコーヒー。スターバックスが扱うインドネシア産豆の中ではもっとも洗練された味わい。なめらかで、フレッシュグリーンハーブの香りも感じられる。

ディカフェ モカ ジャバ(SWP)

DECAFFEINATED Classics

Decaf Mocha Java (SWP)

100g=¥550

インドネシア産のなめらかさと、エチオピア産のエキゾチックな風味が見事に調和。ブレンドの特徴はそのままに、カフェインはスイスウォータープロセス(SWP)方式で取り除いています。

すでに完成されているスターバックスおすすめのブレンドもいいけれど、次のステップとして、「自分だけのブレンド作り」に挑戦するのはいかが？　基本は、同じ産地どうしのもの(ex.スマトラとスラウェシ)を組み合わせる。味のベースが同じだから失敗がありません。または、お気に入りの豆をベースにして、プラスしたい特徴(コク、酸味など)を持つ豆を少し混ぜてみてもいいでしょう。

期間限定・日本未上陸　こんな豆もあります

定番の豆だけが、スターバックスの味ではありません。知られざる豆が、まだまだあるのです……

A

B

C

D

E

F

G

現在、日本で常時買える豆は全16種類。ですが、ときおり期間限定モノが登場します。**A**のクリスマスブレンドは、その名のとおり毎年クリスマスに登場。また、**C**のアニバーサリーブレンドは、アメリカのスターバックス25周年の際に発表された銘柄。日本では、2001年1月200号店オープン記念に登場。**B**シェイド グロウン メキシコ、**D**ニューギニアピーベリー、**F**パナマ ラ フロレンティーナも過去の限定銘柄です。**E**ブラジル イパネマ ブルボン、**G**フェアトレードは、今のところ日本未発売です。

COLUMN

スターバックスが〝デパ地下〟に登場！

はじまりはシアトルの1軒の豆専門店。その原点に基づいた、新たな形態のスターバックスが5月30日、東京・新宿にオープン。「スターバックス ホールビーンストア 小田急ハルク店」では、豆の計り売りのほか、気軽にテイスティングできるカウンターを常設。また、ここでしか買えない限定豆2種も取り扱っています。〝おうちでスターバックス〟派にうれしいニュースです。

夏の期間限定豆 2001年はこれ！

ジンバブエ
Zimbabwe
100g＝¥430
6/13〜7/10
(数量限定)

日本初登場！、さっぱりとした柑橘系の風味を持つ「ジンバブエ」。適度なコクもありますが、口当たりはあくまでライト。似たテイストを持つケニヤ同様、アイスコーヒーにも向いています。一緒に食べるなら、やはり柑橘系のレモンスコーンなどがいいようです。

スターバックスおススメ 3種の神器

おいしい豆の味と香りを、最大限に楽しむためのツールはこれ！

コーヒープレス

540cc　¥2,200

紙や布のフィルターを使わないので、コーヒー豆の繊細な風味を損なわない、理想的な抽出器具。使い方や、お手入れが簡単なのも魅力です。この味に慣れてしまうと、ほかのいれ方では物足りなくなってしまう人も。

お湯180mlあたり10グラムの粗挽き豆をいれ、沸騰直前のお湯を注ぐ

軽く混ぜてから、つまみを引き上げた状態でふたをし、4分間待つ

4分経ったら、つまみを底まで完全に押し下げてからカップに注ぐ

ミルクフォーマー

スモール　¥1,500

ラテやカプチーノの、あのふわふわした泡を再現するならこれ。しっかり空気を含ませるのがコツです。

70度前後に温めたミルクを容器に描かれた線まで注ぎ、ふたをする

ふたを押さえながらハンドルを上下させ、2〜3倍に泡立たせる

グラインダー

¥3,800

風味にこだわるなら、豆は挽きたてに限ります。コーヒープレス用の粗挽きをはじめ、好きな挽き具合の豆がすばやく完成。

※定番商品でも、店舗によっては入手できない場合がございます。ご了承ください。

極めれば、「バリスタ」。

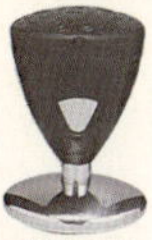

a ¥1,300

b ¥300

c ¥950

d ¥1,650

標準価格
¥42,000（税別）

スターバックスのドリンク類のベースといえば、エスプレッソ。あの味を忠実に再現するなら、やはり専用マシンがほしい！

スターバックス特製のマシンは、その名も「バリスタ」。実際に使った印象は、コンパクトだけどパワフル。電源を入れてからスタンバイ完了までの時間が短く、エスプレッソやスチームミルクやきめ細かな泡もすぐに作れます。

豆を詰めるタンパー（a）、抽出時に使うショットグラス（b）、サーモメーター（c）やピッチャー（d）などもそろえれば、すっかりバリスタさん気分ですよ。

Starbucks Maniax

STARBUCKS GOODS GALLERY

定番からちょっと珍しいアイテムまで、
コレクターならずとも集めたくなるスターバックスの小物たち。
ズラリそろえてみました

お店で会える定番グッズ

ロゴ入りアイテムや、ドリンクをよりおいしくしてくれる小物が、いつも並んでいます

グラス ロゴ ¥800

涼しげな質感が、アイスドリンクに最適。色はほかに緑、クリアも。

ロゴコースター ¥100

古いタイヤをリサイクルして作られた、地球にやさしいグッズ。

ロゴキーホルダー
各¥850

日本だけのオリジナル商品。黒一色のロゴも新鮮です。

タンブラー ベーシック(クジラ)
¥750

ショートサイズのドリンクにちょうどいい、ちびサイズ。

トレック マグ ¥2,800

耐久性と保温性の高いステンレス製マグ。シンプルなデザインです。

ロゴアイスグラス ¥550

アイスコーヒーが映える、クリアグラス。たっぷり入ります。

ロゴバッグ ¥1,200

内側にはポケットと、タンブラーを中で固定するのにちょうどいいベルト付き。

ステンレス バリスタ ソロフィルター ¥1,500

ステンレス製メッシュフィルター。1杯だけでも簡単にいれられます。(マグは含みません)

これから発売の限定グッズ

6/13～
数量限定販売

マグズ サマー リミテッド セット
各¥1,800(2個セット)

違う絵柄のマグが2つセットに。プレゼント向きだけど、自分用にもほしくなりそう!?

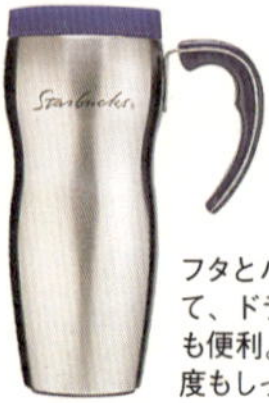

8/15～
数量限定販売

ステンレス タンブラー
¥3,000

フタとハンドルがついて、ドライブや遠出にも便利。ドリンクの温度もしっかりキープ。

※定番商品でも、店舗によっては入手できない場合があります。ご了承ください。

海外にはこんなものも

サイレンマークは万国共通ですが、小物には各地のオリジナルものもいっぱいです

ハワイタンブラー。おみやげにいただいたもの。ハワイはグッズの種類がとても豊富。★

シアトルを訪れた記念のステートマグ。中に何も入れていなくても、ずっしりと重いです。★

ありそうで、実はあまり見かけない、サイレンマーク入りのショットグラス。★

やはりおみやげの北京タンブラー。万里の長城のイラストが、さすが中国。★

カリフォルニアのステートマグ。裏面には、観光名所のイラストマップ入り。ワシントン同様巨大なマグです。★

これもおみやげのソウルタンブラー。描かれているのは、おそらく韓国に咲くレンギョウ。★

ステンレス製のショットグラス。ゴム部分の柄がおそろいのスプーンなどもあります。★

カップ形のキッチンタイマー。肝心な、時間を計る機能はかなりアバウト。★

これはちょっと番外編。旅先で見かけたものの購入せず、あきらめられずにいたところ、都内のスターバックスで再会したデミタスカップ。6種類まとめて購入。★

★印は著者私物

日本のご当地グッズ増えてます

ご当地グッズは、その地でしか買えないもの。旅先での思い出にどうぞ

全グッズ共通でマグ ¥700、タンブラー ¥850です。

東京

タンブラーに描かれたサクラは東京都の都花。また、世界のシティマグと共通デザインのマグには、東京タワーの絵が。★

札幌

4月27日に第1号店がオープンしたばかりの札幌。絵柄は、札幌の名所としてあまりに有名な時計台がモチーフ。北海道の広い空のようなブルーが印象的。

京都

紫、だいだいといった、日本の伝統色を思わせる渋いカラーリングで、古都・京都らしさを演出。

名古屋

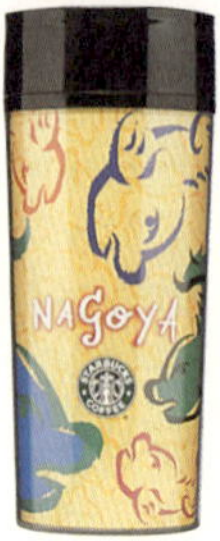

名古屋、といえばやはり、名古屋城のシャチホコ。全面的に泳ぎまくってます。ファンの間では、通称“シャチタン”。

大阪

大阪の1号店がある、梅田HEP FIVEの大観覧車がモチーフ。活気ある街の様子を、鮮やかな色で表現。

神戸

港町・神戸のイメージにあわせて、帆船とポートタワーをデザイン。色が抑え目なので、シックな印象です。

広島

日本三景のひとつ、宮島の赤い鳥居が、力強いタッチで描かれています。周囲の絵柄はぐっとシンプル。

仙台

仙台の夏の風物詩、七夕祭りからヒントを得たデザイン。川と、七夕飾りをさわやかにまとめてあります。

福岡

まるでマチスの作品のような、ポップな色使い。全体にちりばめられている花は、太宰府天満宮の梅の花がモチーフ?

ある スターバックス の一日

開店から閉店まで、お店の様子をじっくり観察してみたい！　そこで特別に許可をいただき、一日滞在してきました！

午前6時00分〜

朝6時、ひとり目のパートナー到着。開店1時間前に入るのがルール。エスプレッソマシンとグラインダーの調整を行う。これは毎朝の大事な務め。続いてドリップコーヒーの準備。暑くなりそうだから、とアイス用を多めに落とす。7時の開店に向け、ペストリーやジュースの陳列、コンディメントバーのミルク類の準備、植木の水やりなどなど、黙々と準備が続く。

午前7時00分〜

さあ開店！　ひとり目のお客様は、ぱりっとしたサラリーマン。グランデ　モカ＆バナナを注文。ソイミルクの指定、タンブラー持参など、慣れた様子の人が目立つ。編みこみヘアが印象的な外国人男性は、本日2階席へ上がっていった第1号。

午前11時30分〜

ランチ時はさすがに混みます。首からIDカードを下げたOLさん、お祝い事でもあったのか、1輪ずつ真紅のバラを持った女性のグループ、和菓子職人さんの一団etc……。デザート代わりなのか、フラペチーノをオーダーするお客様多し。朝、さっそうと2階に上がっていった〝編みこみな人〟はソファでくつろぐ。

午後1時30分〜

ピーク時を過ぎ、落ち着きを取り戻す店内。ゴミ袋の交換、ペストリーの補充、お手洗いの清掃などを今のうちに。職場を代表して買いに来ました風OLさんは、スターバックスファンらしく、制服に豆ラベルのピンを付けている。モデル風なコが、オーディションの帰りなのか、キャラメルフラペチーノ＋エキストラホイップ。あれれ、あの〝編みこみな人〟はどこへ……？

午後5時00分〜

〝編みこみな人〟、新しいドリンクを手に再び2階へ。ソファに深く身を沈めている姿にちょっと安心。リッキー・マーティン風な若い男子、ビスコッティを半分こするサラリーマン2人、急いだ様子でバナナをほおばるスーツ姿の人など、男性のお客様が多い。

午後10時25分〜

飲み会帰り風グループ多し。書き物をしている「課長・島耕作」系のソファ席を座りたそうに見つめるOL。その隣りでは、おばあさんが深く思索にふける。気がつけば、〝編みこみな人〟はいずこ？　同志を失ったような気持ちに。

午前1時10分〜

この時間で2階の埋まり具合は半分くらい。ただ、テイクアウトの人は多く、バーカウンターは混雑が続いている。

午前3時45分〜

4時のクローズに向けて少しずつ片づけ開始。しかし、閉店5分前のお客様にも笑顔で対応する姿に感動。4時を過ぎたところで、エスプレッソマシン、グラインダーの清掃。

午前4時30分〜

営業開始に向け、配送のトラックが裏口に。ミルクやペストリーが届く。メニューボードの「本日のコーヒー」を書き換える。片隅には今日一日分のゴミ袋が山積みに。パートナーのみなさん、どうもお疲れさまでした！

Q リフィルのきまりは……?

小石原所蔵品

昨年ロスで入手したクリスマスグッズのひとつ。このタンブラーは、日本には上陸してこなかったもので、表面につららを模したレリーフがあるのが珍しい。よって、愛称は“つららタン”。

A

「リフィル」は店内でドリップコーヒー（本日のコーヒー）を注文した場合に限り、2杯目を100円でおかわりできるというサービスです。カップはそのまま使用することになります。

PROFILE

1953年生まれ。1982年、店舗運営、マーケティング部門の役員として米国スターバックスコーヒーに入社。1986年、一時的に退社。独自にエスプレッソバー・チェーン店を始める。1987年に米国スターバックス コーヒー社を買収し復帰。現在会長兼チーフ・グローバル・ストラテジストである。

「スターバックスは家と職場を結ぶ〝サードプレイス〟なのです」

K　愚問かと思いますが、スターバックス以外のコーヒーは飲まないのですか?、

S　このビジネスは情熱がすごく重要な役割をするので、従業員や一緒に仕事をしてくれる人たちに対して、誠実な気持ちでいたい。だから、スターバックスしか飲まないし、レストランでも私たちのコーヒーを置いている店にしか行きたくない。エアラインはもちろん、ユナイテッドでしたよ。

K　一番お好きなドリンクは何ですか?

S　一日の中で、時間帯によって違います。エスプレッソマシンが家にあるので、まずエスプレッソマキアートで一日が始まります。それから、仕事に行く途中、近所の店に寄ってダブル　ショート　ラテを。オフィスではドリップコーヒー。カスタマイズはせず、ごくシンプルなのが好きです。お気に入りの豆?　土の香りがするような、エチオピア産のシダモやハラーが好きです。

K　スターバックスの味を知るまでは「アメリカのコーヒー＝薄くておいしくない」という印象を抱いていたのですが?

S　スターバックスが登場する前、アメリカのコーヒーの品質は確かによくなかったですよね。私は、スターバックスがお客様を啓蒙し、コーヒーの文化そのものを変え

てしまったと思っています。それは、アメリカに限らず、今では世界各地で変えているのです。

K　世界各国の人が、実は「コーヒーってあんまりおいしくないな」って思っていたのでしょうか!?

S　多くの市場では基本的にそうかもしれませんね。でも、おいしいコーヒーのある土地でも私たちは成功しています。例えば、日本もそうですが、先日スイスに店を開きましたが、記録的な盛況ぶりでしたよ。

K　つまり、スターバックスの魅力は「おいしさ」だけじゃないってことですか?

S　ええ。スターバックスのあるライフスタイル、そして、そこで体験されることすべてが重要なのだと思います。

もちろんスターバックスが一番おいしい

コーヒーを提供していると信じていますよ。でも、コーヒーの質だけが成功の決め手ではありません。最終的に、私たちは「ピープルビジネス」を展開しているのです。

　コーヒーとはとても社交的な飲み物です。人と人をつなぐ役割をする。私たちは、その環境——心地よい音楽や快適な座席、デザインなど——を作っています。それは、日本語でも英語でも何語でもない「ユニバーサルな言語」となりうる。そして、この「コミュニティー」の感覚を持つことが人々の生活において重要になると思うのです。

　私たちは毎日の生活の中で、大きなプレッシャーを受けています。ある統計によれば、私たちの年代は、両親の世代より年間１００時間以上多く働いているといいます。加えて、携帯電話やメール、ファックスなど、プレッシャーを生み出すものがたくさんある。スターバックスは、そういうものから逃れて休息する場所、オアシス。私たちは店を「サードプレイス」といって、自宅と職場の間、というポジションだと考えています。そして、そこで生み出されるのは「コミュニティー」というフィーリング。店を訪れた人同士がつながる、スターバックスはそういう場を提供しているのです。

K　アメリカをはじめ世界中の人が求めているものは変わらないということですか？　また、それは、スターバックスを手がけた当初から考えていたことですか？

S　そのころはまだ、こんな風に考えられるほど頭がよくなかったかもしれない（笑）。

　でもここ何年かで、今まで経験したことから、自分たちのポジションとか、将来の可能性がどのくらい大きいかということがわかってきました。そして、一番重要なのは、お客様と接するパートナーの存在だということも。

例えば、今、この場所の周りには、ほかのコーヒー店が10軒くらいはあるだろうし、どこも同じようなコーヒーと雰囲気を提供しているかもしれない。けれど、その中でなぜスターバックスがリーダーなのか？　私たちには専売特許の技術があるわけではない。やっていることは全部見えるものばかり。では、何があるかというと、それは〝フィーリング〟。人間の魂とか、人と人をつなぐということが、スターバックス唯一のスタイルなのです。

K　私たちにもスターバックスが〝サードプレイス〟として定着するでしょうか？

S　すでに定着していると思いますよ。現在、世界中で一週間に約１５００万人の方が来店されています。ほかにもたくさんの選択肢があるはずなのにね。それは単にファッショナブルとかトレンディだから、ではないと思う。コーヒーを楽しみたい、人と触れ合いたいという気持ちから、いらしているのではないでしょうか。

K　日本市場は難しいといわれていますが、進出を決めたとき、現在の成功を確信されていましたか？

S　市場の可能性が大きいことは知っていました。でもこの成功は期待を超えていますね。もちろんそのためにすごく努力はしていますが……。実は、日本進出は成功しないと言われていたんです。

日本は北米以外初の海外進出先です。と

ころが当時、私たちの仲間には海外進出の経験者がいなかった。そこで、ビジネスコンサルタントを雇ったんです。今考えればまったく役に立たないことでしたがね（笑）。

彼らは、「日本のことは忘れなさい、大変なことになります。お金を無駄にするだけですよ」という悲観的なレポートを送ってきただけ。彼らが言うには、

第一、日本では道端で食べたり飲んだりというのは行儀が悪いと思うはず

第二、禁煙は絶対受け入れられない

第三、マーケットがすごく小さく、東京でしか展開できない

ということでした……でも、結局3つとも間違いであることを、私たちは証明してしまったんですよね（笑）。

K サザビーとの提携を決めた理由は？

S　日本に進出する際、パートナーを決めようということになったんです。そこで、商社のような大企業とも話をしたんです。立派な会社でした。でも、なにかちょっと違うんじゃないかと。確かに彼らの会社はすばらしかったけれど、私たちの気持ちとか魂みたいなものをわかってもらえなかったんですね。だから、理解しあえるパートナーがいなければやめようとさえ思った。そんなとき、サザビーの人々と出会った。

　彼らと初めて会ったとき、まるで鏡を見ているような気がしましたね。文化とか価値観とか人間に対して我々と同じ情熱を感じた。スターバックスだけでは日本進出はなしえなかっただけに感謝しています。でも一番幸せなことは、単なるパートナーを超えて、いい友達になれたことです。

現在20か国で展開しているんですが、サザビーとのパートナーシップから得られた経験を基本に、他国のパートナーとの関係も結んでいます。それは、単にビジネスとしての提携ではなく、スピリットを求めているからなのです。

K 世界中で４０００店を超え、もう安泰という気持ちですか？

S いいえ。今日の成功が明日も保証されているわけではありません。毎日お客様の心を掴むために努力しなくてはいけない。ですから、大切なのは、高慢な会社にならず、日々努力していくということ。多くの経営者は成功すると、その会社がどんなに有名かを紹介した雑誌の記事ばかり気になる。そして、何が自分たちを成功に導いてくれたのかを忘れてしまいがちです。そういうことがないようにしたいですね。

そういえば、シアトルで、パイクプレイスの1号店には行きましたか？

K はい！　豆の香りに包まれて、いい時間を過ごしました。

S 実は、あの店の鍵を今でも持っています。仕事から家に帰る途中、立ち寄るんです。閉店後の誰もいない店にね。そして、１９７１年の開店時から変わらない、木製のカウンターをなでたり、コーヒー豆に触れたりして、自分のやってきたことを振り返り、初心を忘れないように戒めるのです。過去に対する責任を忘れないようにね。

それは年に一回くらいかって？　もう少し頻繁にかな。誰にも秘密でね。でも、あんまりしょっちゅう行くと、いつか泥棒に間違えられるかもしれないからね（笑）。

“サードプレイス”を支える人びと

スターバックスは、
家と職場の間にある憩いの場所＝サードプレイス。
そんなスターバックスらしさを守るため、
たくさんの人たちが活躍しています

「開店が決まったときは、涙して喜びました」

スターバックス
日本１号店
パートナー

虎ノ門駅前店店長
大熊美保さん
Miho Okuma

サザビーに勤務していたんですが、ある日上司に「キミにぴったりの会社かもしれないから行って来い」って言われて、角田社長に会いに行ったんです。温かい人柄に惹かれましたし、将来自分も会社と一緒に成長できそうな気がして。「ここには素敵なものがあるかも」と、そのまま入社を決心してしまいました。

はじめは、店舗候補地に行って通行量の調査をしたり、いろんな店のペストリーをあつめたり……1号店はいつオープンできるかわからなくて、苦しかった。決定したときはサポートセンター（当時は地下の窓もない暗い小部屋だった）で、みんな涙を流して抱きあって喜びました。

開店当日は、店長以下全員2階でミーティングしていたら、1階では経営陣がテープカットしていて、「あ、開いたみたい」って全員があわてて下りて（笑）。オープン前からお客様がびっしり並んでいて、一日中とぎれることがありませんでした。

当時は写真入りのメニューがなかったんですよ。だからカップのサイズや味の説明がたいへん。お客様も〝カフェモコください〟とか〝オートバックスラテ！〟と注文されたり。「禁煙」の説明も延々と繰り返していましたね。

それに、2階のバックルームでパンを焼いて、サンドイッチも手作りしていましたから、もうバタバタ。ですから、当時1号店で働いていた人間はシナモンロールだって焼けるんですよ（笑）。

私は開店から約7か月間いましたが、ずっと開店当日と同じような状態。ひたすらたいへんでした。でも、その時は会社がひとつになっているって感じがあったので、それほど苦ではなかったですね。

一度サポートセンターに配属になったんですが、「スターバックス伝道師になりたい」って言って現場に戻ってきました。会社が大きくなっている今、サポートセンターと店をつなぐのが役割かなと。でも、みんなには「怖い」って言われるんですよねぇ。

Postscript

お話する前の印象はやさしく、おっとりとした雰囲気の方。でも、本社から店舗に戻ったというお話からは、内に秘めたスターバックスへの思い入れの強さが伝わってきました。

「コーヒーの奥深さを伝えたい」

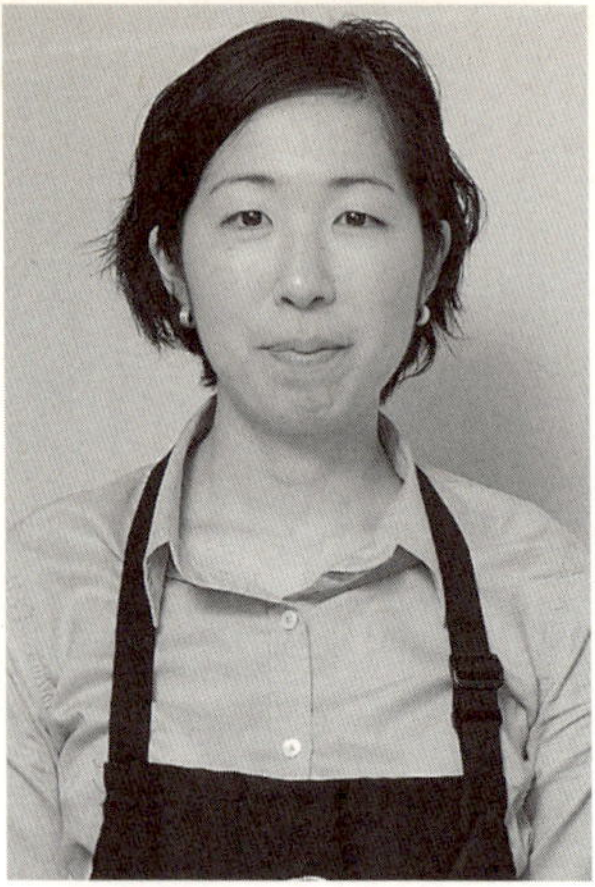

コーヒー
スペシャリスト

近藤陽子さん
Yoko Kondo

まだ、日本のスターバックスには、コーヒースペシャリストは、私ひとりだけなんです。仕事は、メディアや社外の方に対しても、コーヒーの知識についてお話することもありますが、社内的な、コーヒーについての知識を深めるための教育が多いですね。さらに、スターバックスが出店していない地域でのワークショップなどに行くこともあります。

かれこれ7年前位のことなんですけれども、カナダのカレッジに留学していたころ、7、8か月、スターバックスでアルバイトをしていました。でも、それはコーヒーが好きで惹かれたのではなく、店の雰囲気や、パートナーのフレンドリーな対応です。当時日本ではお洒落なコーヒー屋さんがなかったので、そのちょっとかわいらしいコーヒー関連の雑貨やパッケージフードなどにも惹かれました。

コーヒーの味の違いがわからなかったどころか、当時はラテでも私には風味が強くて、ドリップコーヒーはカップの7分目くらい入れてもらって、お湯を足して、さらに、ミルクも足して飲んでました。

スターバックスに入社して、2日目でシアトル本社に3か月間研修に行かせてもらいました。サポートセンターでの毎朝のミーティングでは、コーヒースペシャリストの方がコーヒープレスで2種類ずつコーヒーをいれてくれました。それを毎日飲み比べるうちに、コーヒーって今までコーヒー味というかコーヒーの香りのみだと思っていたのが、すごく柑橘系のフルーティーな香りがする、お天気雨が降った後の地面から立ち昇る、土の匂いがする、といった香りもわかるようになってさらに興味が増しました。ですから、それまでコーヒーの風味も分らなかった自分の発見を、パートナーやお客様にもお伝えしたいと考えて仕事しています。

今はまず、より多くのコーヒーのエキスパートを育成して、スターバックスコーヒーのよさをもっと広めていきたいですね。

Postscript

テイスティングのご指導、ありがとうございました。近藤さんの感性豊かな風味の表現に、コーヒーの知識以前に、己の国語力を深く反省。豆の知識と共に鍛錬をつみたいと思います！

「デザインの核は〝全体感〟ですね」

店舗開発本部
設計建設部部長

奥田一隆さん
Kazutaka Okuda

Starbucks Coffee Company
Retail Store Development
International Design Brand Manager

アン・ブラトーさん
Ann Buratto

アン・ブラトーさんは、米国スターバックスコーヒー社の店舗デザイン部門のマネージャーです。

今、スターバックスは世界20か国に進出していますが、店舗デザインはすべてシアトルで行なっています。しかし、東京とロンドンにはデザインチームを設け、日本の場合、敷地の狭い場所に「J-ストア」と呼ぶ店舗デザインを施すなど、市場にあった店舗を開発しています。

ただし、ブランドの統一感を守るため、我々は、常に彼女と連絡をとっています。電話やメールだけでは伝えきれない問題もありますから、私がシアトルに行ったり彼女が来たりしているのです。
百貨店の地下に出店した豆専門店の店舗デザインにも、彼女には関わってもらいました。

ブランドを守るために、ここだけは譲れないというコアな部分ですか？　〝全体感〟じゃないですかね。デザインというのはディテールの積み重ねで全体のムードを作るわけですから。

我々が使っている什器（家具類）は全部アメリカで作っているんです。アメリカの作り方と日本の作り方というのは、同じ図面、同じ素材で作っても実は全然違った仕上がりになってしまうんですね。

例えば、アメリカのテーブルの表面に貼ってあるウッドの厚みは、１ミリか０・５ミリあります。でも日本は０・２ミリ、０・１ミリと薄くしか貼りません。その厚みの違いというのは、素人が見てもなんとなく違いがわかるというか、ムードが違うものになるんです。だからアメリカのものにこだわっています。スターバックスの雰囲気を守るためには、そういうところまで大事にしていきたい。

輸入コストなど考えると日本で作ったほうが簡単だっていう話は必ず出るんです。でも、効率を求めてクオリティーを下げるというのはブランドを維持するためにはやるべきではない、と考えています。

Postscript

スターバックスはお店によって内装のイメージがかなり違うのに、どこか統一感がある、そう感じさせるのは、「目に見えない、ミリ単位へのこだわり」があったからなのですね！

「NYスタイルのドーナツ、今、研究中です」

フード＆
ビバレッジ部部長

金井新吾さん
Shingo Kanai

5月に発売した商品に関しては、スターバックスとして提案したい商品を、まず並べてみようというブレーンストーミングから始まりました。

どんな時間にどんなお客様がみえて、どういうシーンをスターバックスでエンジョイされるのかといったことを想像して商品を考えるところから始まったのが、この春の商品開発ですね。

今後は、ただ我々の出したいという思いだけではなくて、お客様が本当に何を望まれているのかを少し客観的に見るプロセスやプログラムを作りたいと考えています。それには数字を見たり、お客様に直接いろんなことを伺ったり、パートナーからの情報も収集するということを通じて、いろんなアイデアを積み重ねたい。

実は今、9月からの新商品のために、いろんな店のパンを試食しているんです。1日40種類くらいを食べて、スクリーニングをやっていますが、もう、パン嫌いになりますよね(笑)。

こんなものが欲しいよね、あんなものも欲しいよね、という思いつき的な商品開発であれば、ある程度絞り込んだものだけを並べていけばなんとかなります。けれども、今回は、世の中にどんなパンがあるのか、どんなチャンスが埋もれているのかを探るところからやってみたいと思い、手に入る限り代表的なものを全部並べてみようと。その第一歩が始まったところなんです。

それと、おいしく召し上がっていただくための温度や湿度、作ってからどれだけ短い時間でお客様に届けるのかという環境を整えていくところにも、いくつかのチャレンジがありますね。

ご要望の多い、フードを温めるサービスは現在検討中です。

あと、ドーナツは出します。今研究しています。もうちょっとお待ちください。ニューヨークで食べるようなドーナツをいつか出します……って、これ、約束しちゃっていいのかなぁ?

Postscript

パンを何十種類も食べ比べる日々とのこと。くれぐれも胃腸には気をつけて……。といいつつ、おいしいドーナツの完成を、楽しみにしています!

「ほかのパートナーにも、経験してもらいたい」

国際混成スターチーム
第1号

平塚ラスカ店店長
山本直樹さん
Naoki Yamamoto

〝スターチーム〟とは、新規進出エリアに1号店がオープンする際、スターバックスのバリューや考え方を現地のパートナーに伝え、価値観を共有しつつ一緒にトレーニングする「助っ人」のことです。

去年、シドニーに2週間派遣されたのは、アメリカ、イギリス、タイとの国際混成スターチーム。この混成チームというのは初めての試みで、日本人第1号が運よく僕だったんです。

各国のパートナーとは仕事はもちろん、遊びに行ったりして親睦を深めることができ、とてもいい経験をさせてもらいました。

もう一度行く機会があったらですか？　状況が許せば……でも、次はほかのパートナーにも体験してもらえるといいなと思いますね。

Postscript

話しかけやすい、やさしい雰囲気がただよっている方で、初の試みだったというインターナショナルなスターチームのメンバーに選ばれた理由が、わかる気がしました。

「あきらめなければ道は開けます」

ファンから社員になったパートナー

ルミネ大宮店
橘 憲一郎さん
Kenichiro Tachibana

公務員の勉強をしていたんです。でも、自分の中ではやりたいことを探してました。そんなときスターバックスのことを雑誌や本で知って、すごく興味を持って。どうしても飲んでみたくって、愛媛から関西に1店舗だけあった大阪の店まで行ったんです。もう、パートナーが眩しく見えて、自分もここで働きたいなと。

でも、新卒の採用はダメ。すぐ本社に電話して中途採用を受けて。その時は社長に長々と手紙も書いたんです。でもダメ。

あきらめきれず上京して、池袋の店にアルバイトとして入ったんですね。やりたかったことがやっと出来てうれしかった。それから10か月後、ついに社員になれました。

故郷の四国に店舗が進出するときは、ぜひとも自分の手で立ち上げたいですね。

Postscript

たたずまいも語り口も、とにかくすがすがしい。「好青年とはこういう人のことだ！」と納得してしまった次第です。四国にスターバックス、早くできるといいですね。

これ、私が発案した ドリンクです

この3つのドリンク、実は日本のパートナーが作ったものなんです。
どんな経緯を経て商品化されたのか?
考えた張本人に、きいてみました。

ダブルスクイーズの生みの親

店舗運営本部　店舗営業部
ディストリクト　マネージャー

白石美帆子さん
Mihoko Shiraishi

「ダブルスクイーズ」という名前は、実はフード&ビバレッジ部の金井さんの命名です。「ラズバナ」という候補もあったのですが、さすがに商品名にするのはどうかと思っているときに、このネーミングを考えてくださったんです。

　誕生のきっかけは、「コーヒーが一流なのにジュースは二流、じゃダメだ」というハワード・ビーハー氏のひと言から。

　オリジナリティーに溢れていて、アメリカっぽいものを作りたくて。はじめはイチゴをベースに考えていたんです。でも、しっくりこなくて、試行錯誤した末にバナナと混ぜることにたどり着いたんです。

　最終的にイチゴとバナナ、ラズベリーとバナナの組み合わせが残りました。当時の社員全員に試飲してもらい、何度も改良しました。決め手は、ラズベリーの方が味にメリハリがある、ということでした。ですから、「ダブルスクイーズ」は私がというよりも、みんなで作り上げたものですね。

コーヒーゼリーフラペチーノの生みの親

店舗運営本部　店舗営業部
ディストリクト　マネージャー

八田浩光さん
Hiromitsu Hatta

たまたまある日、コーヒーがおいしいのだから、おいしいコーヒーゼリーもできるんじゃないかな、と思いついたんです。

それがフラペチーノに発展した背景には、お客様の「デザートはないの？」という声と「フラペチーノの甘みを抑えられないの？」という意見があったこと。じゃあ、混ぜたらって思って試作してみたら、なんか食感がおもしろい。専務が試食する機会があって、「これはいいんじゃない」ってことで商品化できたんです。

スターバックスの豆で作るというクオリティーが大事ですから、ゼリーは店内で作ることにしたんですが、いろいろ問題もあって。しかも、発売した年からフラペチーノ人気が大爆発して、店はよけいにたいへんでした。でも、お客様から飲みたいと言われれば、それがどんなに手間がかかっても提供するのが、一番だと思いますから。またいつかメニューに帰ってきてくれたらいいなって私は思っていますね……。

ココナッツフラペチーノの生みの親

横浜ビブレ店店長

朝見由理さん
Yuri Asami

　某コーヒー屋さんで、ココナッツのラテを飲んだときに、フラペチーノに合うんじゃないかと思って。シロップを購入して、「実験!」と言って作ってたんです。本当はチョコレートソースをかけてココナッツフレークを散らすのがベストだったんですけど、ランバ　フラペチーノにもチョコレートソースがかかるので、ソースはなしにして、ホイップ付きで完成。

　発売日、町田店はオファーボードにココナッツフラペチーノ以外書くな!って言って(笑)。人気が気になるじゃないですか。初日にデータを調べたらダントツ1位。販売期間が終わった後も「ココナッツ終わっちゃったんですか?」って聞かれて、それはすごくうれしかったですね。

　ココナッツに続く商品も考えようと思ったんですけど、いろんな店で「来年はうちの店が新製品を考えるよ」って。それと張りあおうとかは思わなくて……やりたいことはいっぱいあるんですけどね。

明日もまた、行きたくなる理由。

〝サードプレイス〟の魅力は、そこに働く人たちが楽しそうであること

〝あの人気商品の生みの親〟は、いずれも気負った雰囲気はなく、「最初は、自分が好きだからトライしてみただけ」という調子で、誕生の経緯を話してくださったのでした。唯一、ミッションとして関わってた白石さんのお話にしても、創業当時、まだメンバーが少ないころにみんなで味見をしながら配合を決めていった、なんてうかがうと、和気あいあいとした様子を、つい想像してしまいます。

　ここで取り上げさせていただいた9人の方以外にも、今回、たくさんのパートナーのみなさんとお話する機会がありました。その中で、全員に共通していたのが、どなたも「好きだから、ここにいる」という空気を発しているということ。また、例外なくお仕事へのモチベーションが非常に高いことには、少々驚きもしました。でも、そんなパートナーが迎えてくれる〝サードプレイス〟こそが、訪れる私たちにとっても、気持ちよく過ごせる場所なのでしょう。ハワード・シュルツ氏も「一番重要なのは、お客様と接するパートナーたちの存在である」と語ってくれました。コーヒーだけではない、そこに働く人たちが作り出す空気もまた、大きな魅力なのです。

COLUMN

『Heart of Starbucks』という集い。

月に2回、パートナーからのアイデアによって、さまざまなスタイルの集まりが開かれています。

今回の主役は店舗運営本部長の簑口一実さん。「人事を尽くして天命を変える」が信条。NYで銃撃戦を目の当たりにしたときも動じなかった、という逸話も納得できる頼もしい雰囲気の方。

テーマは、今回の集いの発起人、秋山さんが、簑口さんの仕事の内容に興味を抱いたのがきっかけ。話題は好きな食べ物の話から、これまでに6回会社を変わった話、角田社長とのエピソード、人生観まで多岐にわたりました。

街の清掃、ドッジボール大会、シアトル本社のスライドショーなど「Heart of Starbucks」のテーマはさまざま。いずれもパートナーが企画・運営します。ひとりひとりの声を大切にするスターバックスらしい“課外活動”ですが、日本独自のものだそう。

Q 空港だとご当地タンブラーがそろう？　値段が違うお店があるってホント？

小石原所蔵品

ロスのスターバックスで購入。シナモン、ココア、バニラパウダーがセットになった“マイ・コンディメントバー”。クリスマスシーズンのギフト用商品だったのか、定番アイテムなのかは不明。これは、日本でもぜひ扱ってほしい！

A 関西国際空港店は大阪・京都・神戸のタンブラーとマグが買えることで有名。また、この店舗は空港内という立地のため、特別価格が設定されています。

目指せ、バリスタ!

単なるスターバックス好きでは終わらせません。
目指すはバリスタ。
奥深いコーヒーの道を極めます

Part 1

「カッピング」と「テイスティング」でコーヒー豆の個性を学ぶ

コーヒーの専門家・バリスタに近づくには、まず豆を知ることから。
コーヒーのことならこの人に、と言われるエキスパートを訪ねました

1

黒のエプロン!
やっぱりスペシャルだ!!

指導をしてくださるのは、近藤陽子さん。日本のスターバックスで唯一、「コーヒースペシャリスト」の肩書を持つ方。「今日は、コロンビア、スマトラ、ケニア、エスプレッソローストなど、全部で6種類の違いを体験してください」とにっこり。

2

ほらね?
びっくり
ホントだ ちがう!!

最初に、コーヒー豆に関する講義が。ラテンアメリカ、インドネシア、アフリカアラビアの「世界3大産地」や“コーヒーベルト”の存在を、恥ずかしながら初めて知る。また、スターバックスが買い付ける豆は「アラビカ種」であることや、同じ種でも産地により大きさや色が違うことも学習。

3

そうそう
くんくん
お前はマンガの登場人物か!
ばふ
ぶほ

さて、いよいよここからが「カッピング」。まずは挽いてある豆の香りを嗅いで違いを表現する……のだが、的を得たことを言わねばと焦ってとんでもないことに。カップを鼻の先に近づけたまま喋ろうとしたせいで、豆の粉を息で吹き飛ばし顔面粉まみれ!目にも鼻にも粉が入って痛いわ、恥ずかしいわで最悪の事態に〜。

4

お湯をそそいで…
スプーンで手前から奥に豆をよけるようにして下のお湯をすくう
これが豆の層"クラスト"

気を取り直して（顔も洗って）、6種類すべての匂いを嗅いだのち、今度はカップにお湯を注ぐ。その表面にできた豆の層「クラスト」を壊し、お湯の匂いを嗅ぐ。豆だけのときにはわからなかった香りの特徴がより明確に。

5

簡単そうに見えてむずかしい…
てきぱき
さっ
さっ
もたもた
もたもた

次は、さっき壊したクラストをすくいとる作業「スキミング」。スプーンで粉をすくうだけなら楽勝、となめてかかったら、これが意外と難しい。シアトル本社ではスキミング大会も開かれているとか。やはり職人技か!

6

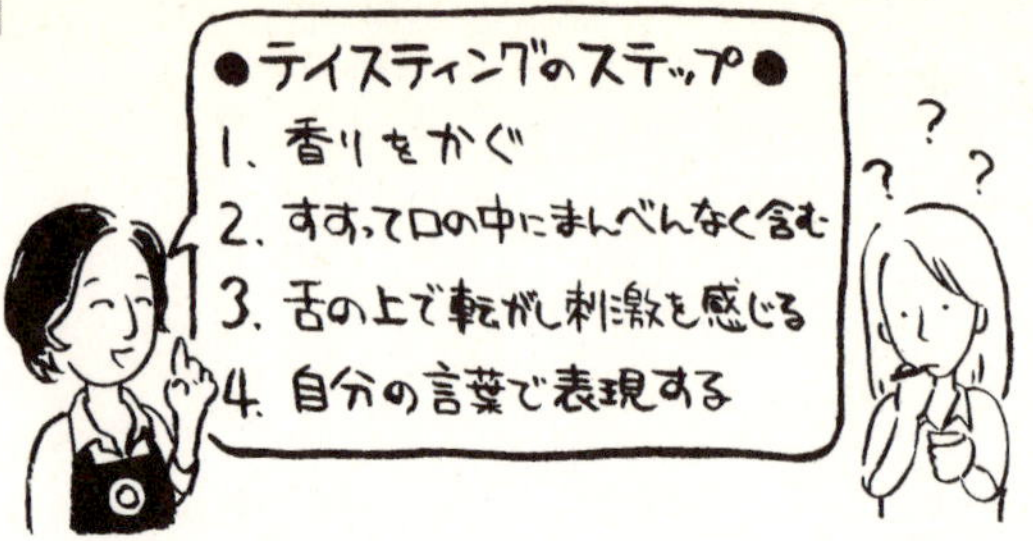

ここで、粉を取り除いた後のお湯をひと口ずつ飲んで味わう。舌は、その部分によって感じる味覚が異なるため、口に含んだら舌全体にまんべんなく行き渡らせることがポイント。すると、たとえば酸味のある豆なら、舌の両脇をきゅっと締めるような刺激が感じられる。こうしてじっくり味わうと、それぞれ明確な違いが!

7

⑥で感じたことを、順番に表現していく。まるでソムリエのように、的確かつ豊富な表現をすらすらと繰り出す近藤さんとは対照的に、言葉に詰まることしばしば。「少しすっぱいです」「さっきのより苦いですね」……ライター失格か!?

8

さて、最後に無謀にもブラインドテストで近藤さんに挑戦! 6種類の豆の中からひとつを、コーヒープレスでいれてもらい、それを飲んでどの豆かを当てる。近藤さんが選ぶ豆を盗み見したい欲望にかられるも、いい年したオトナなので、ぐっとこらえる。

9

約4分後、コーヒープレスからカップにコーヒーが注がれる。香りを胸いっぱいに嗅いだのちひと口含む。しかし、すでに、テイスティングした豆の特徴が、頭の(口の?)中でごちゃまぜになっている。激しく悩む。

10

この、木のような匂いはこれかも、いや、酸味の強さから考えるとあっちかな、と迷うこと十数分。何度もすすっては首をかしげる。でも、いい加減答えないと! クイズ番組の出演者のような心境で、ついに自分の解答を決める。果たして、正解は?

11

「飲んでいただいたのは、エスプレッソローストです。この豆はエスプレッソマシンでしか使わない、と思われているようだったので」。その通りです近藤さん、そう思い込んでました! 「でも、コーヒーは奥が深いから面白いんだと思いますよ」。そんなありがたいお言葉を胸に、もっとじっくりとコーヒーを味わおう、と誓ったのでした。

Part 2

メアリー・ウィリアムズさんに習う「フードペアリング」

「〝このコーヒーに合う食べ物は何？〟とお客様に聞かれた経験がありますか？」

米国スターバックスコーヒー社のメアリー・ウィリアムズさんは、まずこう問いかけました

小柄で、若々しいメアリーさんは、米国スターバックスコーヒー社のコーヒースペシャリスト。今回は、アンバサダーカップ（Ｐ１０８参照）参加のために来日。予選と本選の間をぬって、日本のパートナーにレクチャーを行ったのです。テーマは「フードとコーヒー豆の組み合わせ方」。そのため、冒頭のような質問から始まったわけです。ただ、彼女からの質問に対して「はい」と答えたパートナーはごくわずか。まだ、そういったお客様は少ないようです。メアリーさんは「アメリカでは〝この食べ物と一緒に飲むならどの豆がいい？〟と逆の聞かれ方をすることも珍しくありません。今日の体験をお客様とのコミュニケーション

Mary Williams
senior vice president,coffee

に活かしてください」とアドバイス。

やがて、コーヒーの入った小さなカップと小さくカットされたメープルオートナッツスコーンが配られました。コーヒーはゴールドコーストブレンド。メアリーさんはまず少し口の中に含んで、風味を確認するように味わい、解説を始めます。「この豆は、インドネシア産がベースで、ラテンアメリカのアクセントがついていますね。深いコクや香りも感じられます。メープル味のスコーンは香りが強い。だから、それに負けないだけの風味を持つ豆を合わせたい。その点、ゴールドコーストブレンドとの組み合わせならば、同じくらいの強さで、バランスが取れています」。『同じくらいの強さの味を持つもの同士』『近い風味を持つもの同士』。これが、フードとコーヒーの組み合わせの大原則なのだそう。併せて考えたいのが「食感です。たとえばクリーミーなケーキとさっぱりした豆はアンバランス。味はもちろん大切ですが、口の中全体の『感覚』でペアリングすべきなのです」。

2つめのコーヒーは、カフェベロナ。チョコレートととても合うことで知られる豆です。ここでは、パートナーのひとりが買ってきた、生チョコレートとともに登場。「まわりにまぶされているココアパウダーのドライな感じは、ベロナのあと味と似ていてぴったりですね」とメアリーさん。

「実は、あまりにチョコとの相性がいいので、ほかとの組み合わせが考えにくいという難しさもあるのです。でも、キャラメルのような風味のお菓子や、クリーミーな食感のものなら、とてもよく合うと思います」とも。

その後はメアリーさんへの質疑応答の時間が設けられ、パートナーからは、豆の買い付けの仕方やブレンド方法に関する疑問などが出ていました。

最後は、「コーヒーの知識を伸ばすには、自分より知識が豊富な人と意見の交換をしあうとよいでしょう。そういう方は、お客様の中にも多くいらっしゃるはずです。ぜひ、コミュニケーションを大切にしてください」というメッセージで終わりました。

例えばこんな…代表的なフードペアリング

**あのコーヒーに合うのはどんな食べ物？
いくつかの豆についてまとめてみました**

スラウェシ
Sulawesi

酸味が少なくどっしりとした安定感のある豆。なめらかな味わいなので、意外なことに、和菓子やアズキとの相性も悪くありません。

ユーコン ブレンド
Yukon Blend™

インドネシア産の素朴さを残しつつも、全体にまろやかな印象。レーズン、オートミールやシナモンなどがマッチします。

コロンビア ナリーニョ スプレモ
Colombia Nariño Supremo

クルミを思わせるフレーバーを持ち、ナッツ類とマッチします。食感の面でも、ナッツやおかきのように香ばしいものがいい。

ケニヤ
Kenya

ブルーベリー、いちごなどベリー系のフルーツ、果物を使ったお菓子は、酸味を持つもの同士とてもよく合います。

フレンチロースト
French Roast

たとえばローストビーフのような、軽く焦げた風味を持つもの。またナッツ系の香ばしさも、相通ずるものがあります。

エスプレッソ ロースト
Espresso Roast

カフェ ベロナ同様、チョコレートといただくのに向いている豆。特にビターチョコレートとの組みあわせがおすすめです。

アラビアン モカ サナニ
Arabian Mocha Sanani

「飲むたびに印象が違う」といわれる豆なだけに、マッチする食べ物も、チョコレート、ベリー類、カスタードクリームと多彩。

スマトラ
Sumatra

深いコクがあり、酸味はごく控えめ。こってりしたお菓子やチーズなど、コクに負けないものが、バランスよく味わえます。

メアリーさんも言っているように、大原則は「似た風味・食感」同士。そして、お互いの味を高めあう組み合わせ。こんなモノとこの豆が!?　というペアリングを発見してみたい。

Q 持ち込む容器はスターバックスのものでなくてもいいの?

小石原所蔵品

漢字やハングルがあしらわれている、オリエンタルなムードのスリムマグ。一見、スターバックスのものにはとても見えない。コーヒーをいれるのはなんとなく似合わない気がして、中国茶&日本茶専用マグとして使用。

A もちろん大丈夫。たとえ湯飲み茶碗でも、「これに入れて」と言えば、快く応じてくれます。しかも、ちゃんと20円引きです。使った後は、専用の流し台で洗えるようになっていますので(一部店舗に設置)、そちらを利用するのが"通"ですね。

Part 3

いざ、実践トレーニングへ

**スターバックス愛がエスカレートするあまり
「バリスタになりたい！」と思ったコイシハラは修業の旅へ……
果たして、あの緑のエプロンを着けられるのか!?**

まんが/あべ ゆみこ

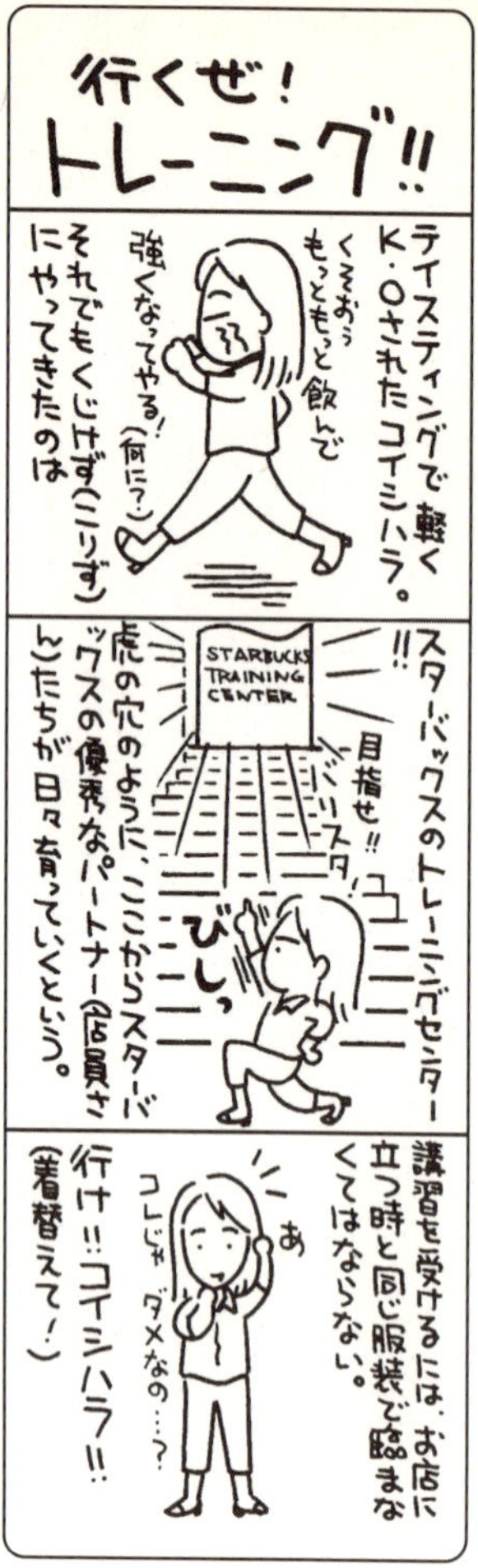

行くぜ！

トレーニング!!

テイスティングで軽くK・Oされたコイシハラ。

くそおぅ もっともっと飲んで
強くなってやる！

（何に？）

それでもくじけず（こりず）にやってきたのは
スターバックスのトレーニングセンター!!

STARBUCKS TRAINING CENTER
目指せ!!

バリスタ！

びしっ
虎の穴のように、ここからスターバックスの優秀なパートナー(店員さん)たちが日々育っていくという。

講習を受けるには、お店に立つ時と同じ服装で臨まなくてはならない。

あ
コレじゃダメなの…？

行け!! コイシハラ!!

（着替えて！）

準備
［そういうワケで 本日の服装］
ヒゲ等：
きちんと手入れして清潔を保つこと。
髪：長い人はきちんと留めること。顔にかからないように！
トップス：
色は黒または白
すそはパンツやスカートの中にきちんと入れる。
ピアス等：
小さいものなら片耳に2コまではOK。
ツメ：
短く切って清潔に。もちろんマニキュアはなし。
ボトム：
黒またはベージュのパンツかスカート。短すぎはダメ。
クツ：
黒または茶色の革靴かスニーカー。
実習の時は
おおー…っ
（うあぁ…感動…）
憧れのあのエプロンを装着!!

近藤さんのテイスティング、（くやしかった……）とメアリーさんのフードペアリング（おいしかった……）を終え、ついに実践トレーニング当日。たとえて言うなら、教習所の第三段階までを終え、ようやく路上教習へ、的な気分でしょうか。

今回、特別に参加させていただくのは「エスプレッソバーステーション」といって、店舗に立つ前に受ける講習の中のひとつ。主なドリンクの作り方を習うクラスです。一緒に受けるみなさんは、数日後から店舗への配属が決まっている方ばかり。路上どころか、すでに卒業検定レベルの緊張感なのでした。す、すみませんっ、余計なのがひとり混じってて！

　さて、今日のクラスを率いる今泉さんは、コイシハラよりもお若いのに〝仕切り上手で頼りがいのある、サークルの先輩〟風。ついていきたい雰囲気、とでもいいましょうか。やさしそうだし、まずは安心。

今泉さん
今日の講習の先生は
入社3年目の今泉 美紀さん。
今泉のこだわり。
ふふっ
お客様にカップを手渡す時
絶対に、意地でもロゴを前にして出す!
カップの継ぎ目に飲み口を持ってきてフタをすると、右利きの人なら、飲む時マークが目立つ位置に来ます
ほほほ
今泉、ぬかりなし!!

スターバックスのマシーンたち
エスプレッソマシーンの名前は
〈ラ・マゾッコ〉ちゃんでーす
（スターバックスオリジナル仕様）
マシーン上部
かなりあつい
白いダスター
ポーターフィルター
これに豆をつめてセット
ショット
グラス
スチーム
バルブ
グラインダーは
〈アストリア〉くんです
豆
ノックアウト
ボックス
とても
大事な
調節をする
ところ
ドーサー
エスプレッソの出がらし
は、ノックアウトボックス
にどんどん捨てる。
いい
うっぷん
晴らしに
なります
ガン！
ガン！
ガン！
ポーターフィルターのはめ込み
作業は意外と力が必要。
混雑店だと、中には腱鞘
炎になっちゃう人も……。
手だけじゃなく
体全体でやると
いーです
〈先生の
アクションつき解説〉

トレーニングでは〝目からウロコ〟なお話が続出。エスプレッソの落ち方、つまり味は、豆の挽き具合や詰め方だけでなく、気温や雨の影響なども受ける。そのため、朝マシンの調整をしても、急に雨が降れば、抽出の速度が変わってしまう（繊細！）。また、一度に必ず2ショットずつ落とすので余ることもあるけれど、バリスタが確認用に味見するとき以外は捨てる、など。

もちろん、捨てるには理由が。エスプレッソの賞味期限はわずか10秒程度！　一度酸化すると、味が落ちるどころでは済まず、「全然違う飲み物」になってしまうので、保存できないのです。

ということは、エスプレッソを抽出したら「できたー♪」などと喜んでいるヒマなし。そのままで飲むとき以外は、すぐにミルクと混ぜなくては！　また、そのミルクも、いい例とダメな例では、差は歴然。果たして、自分がそれを作れるのか、徐々に不安な気持に……。

おいしい エスプレッソ
いれてすぐの、三層のキレイなエスプレッソの味、覚えて下さい。
おおッ おいしい…
なぜ「いれてすぐ」なのか？それはエスプレッソは酸化が早く、おいしく飲める寿命が大変短いから。
いれた瞬間は三層にわかれてるが…
クレマ
ボディー
ハート
ほんの数秒で酸化してまっ黒に！
皆さんもそれぞれ自分でいれて、いれたてと黒くなったものとの味の違いを確認。
おー！違う！
日本酒じゃないんだからちびちび飲むなよー
味の違いわかってる？
ちび ちび
おいしいエスプレッソの抽出条件とは…
豆の量、ひき方、お湯、おとし方、タンピング そして一番大切なのはバリスタの笑顔！
←マジ

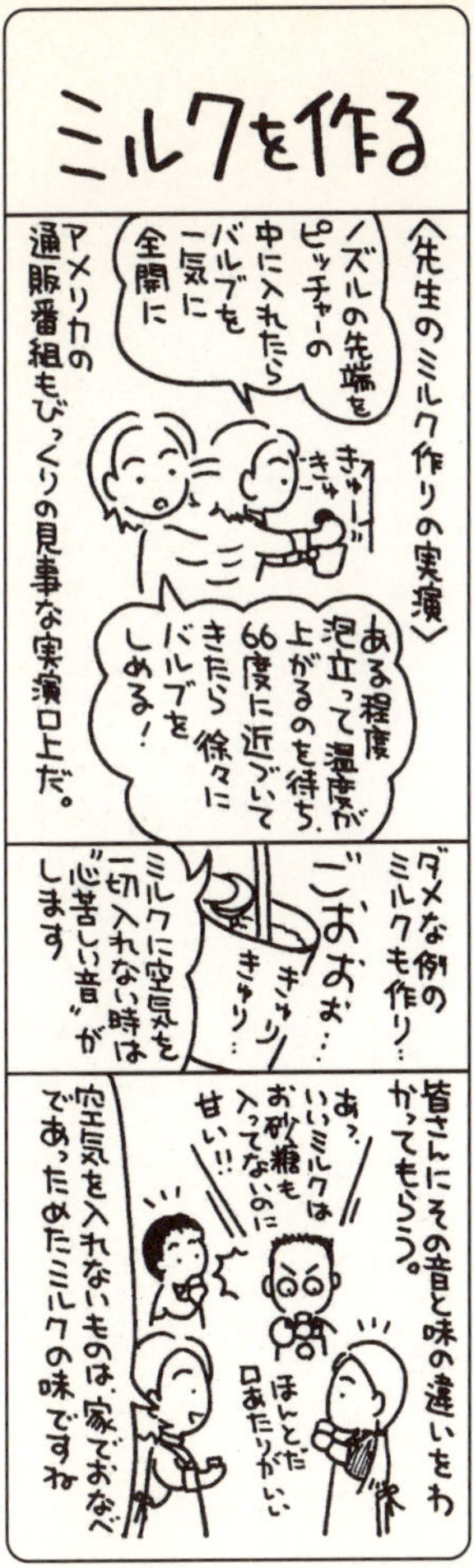
ミルクを作る
〈先生のミルク作りの実演〉
ノズルの先端をピッチャーの中に入れたらバルブを一気に全開に
きゅーー
きゅー
ある程度泡立って温度が上がるのを待ち、66度に近づいてきたら徐々にバルブをしめる！
アメリカの通販番組もびっくりの見事な実演口上だ。
ダメな例のミルクも作り…
ごおお…
きゅり きゅり…
ミルクに空気を一切入れない時は"心苦しい音"がします
皆さんにその音と味の違いをわかってもらう。
あっ、いいミルクはお砂糖も入ってないのに甘い!!
ほんとだ口あたりがいい
空気を入れないものは、家でおなべであたためたミルクの味ですね

すごいよ！今泉さん
何も見ないで次々に作り方を説明してゆく先生…
〈無口になる皆さん〉
こんなにたくさん一気に覚えられるのか!?
まずはラテとカプチーノの作り方。
カプチーノに加えるミルクは泡をたくさん作ります
ごぉぉ…
ささッ
ショットをおとしたらとにかくまずミルクをちょっとずつ入れる
説明しながらも手は休むことなく、先生はあっという間に簡単にお作りになる。
〈ラテ〉
〈カプチーノ〉
ラテは上6ミリが泡カプチーノは泡多めね
続いて他のドリンクも次々実演！
マキアートは泡多めに！
アメリカーノはいれすぎない！
モカはシロップをよくまぜて
ホイップのせてコンパナ！
この人の手はすでにゴッド・ハンドの域にある。
たん！たん！たん！たん！

育ちゆくバリスタの卵
初めてなのに、おぼつかないながらも実習をこなす皆さん。
バルブをしめて～
あけて
バルブをキレイにして～
各自でミルクを次々と作り
あッ、キレイな泡!!
初ミルク!?
そッスね！
パチ パチ パチ
おおおおお…
その度に起こる感動のどよめきと拍手！
何だかんだで、みんな着々と作れるようになっていった。
初ラテ！
初チーノ！
ミルクオッケーでーす
それもそのハズ、なんと皆さんはもう数日後から早速お店に立たねばならないのだ。
講習後には、ラテやカプチーノなどは、カップを持った時の重さで判別できるようになるという。
比率でね
一人前のバリスタになるべく、がんばれ皆さん!!

不安なのは私だけではないようで、見事な講義を聞いているうちに、ほかのみなさんも無口に。が、いよいよ実習です！「エスプレッソは、スプーンではちみつを垂らしたときのように、うねうねと落ちるのが理想的」、「キャラメルマキアートは、ミルクを先に、エスプレッソは後から入れます」など、今泉さんは全員の様子をチェックしつつ、細かな解説も忘れません。そうして、受講生によるドリンクが完成。「初ラテ！」と健闘を称えあう美しい姿。

と感心している場合じゃない。ついに自分の番です。初めて握るポーターフィルターは重く、一気に緊張。それでも、先生に助けられ、作り上げたのでした。

最後に、心に残った名言をひとつ。それは「ショットの顔を見る」。バリスタは作業をこなすのでなく、1杯1杯のエスプレッソを自分の目で見極めよ、と。それこそが、バリスタの職人技なのですね、先生！

受付では、この旗と地震の被害に遭ったシアトルへ千羽鶴を送ろうと、折り紙を配っていました。

パートナーたちの祭典「アンバサダーカップ」

3月14・15日に開催された「コーヒーアンバサダーカップ」。コーヒーについてのスキルをより高める目的で、世界に先駆け、今回初めて日本で実施された、いわばパートナーの甲子園。4択クイズ形式の問題は、

Qestion A

後味が微妙な、ナッツ風味のコーヒーは?

1 スラウェシ
2 ハウスブレンド
3 コロンビア ナリニョスプレモ
4 イタリアンロースト

といった、コーヒーに関する知識を問うものがメイン。ですが、目隠しして(!)フラペチーノを作る実技や、中にはユニークな問題もあ

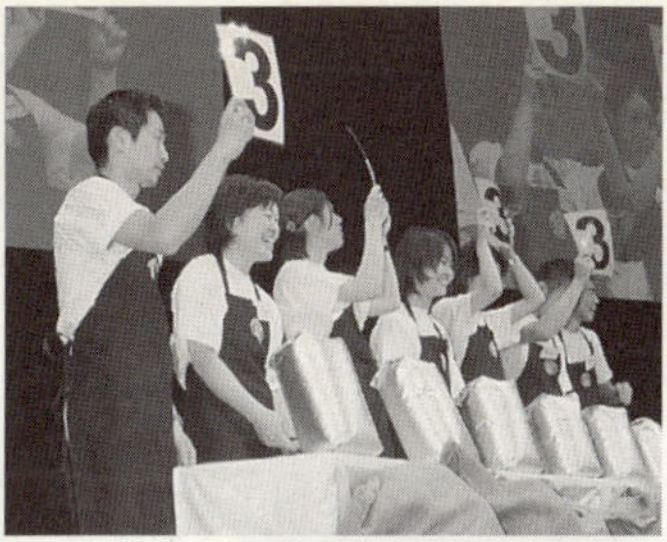

The Coffee
Ambassador
Cup

代表に選出された、木村明日美さん。現在は、5月30日にオープンした、ホールビーンストアに勤務。

り、応援に駆けつけたパートナーも一緒になって盛り上がっていました。

　決勝に残った8名の中から、見事ベスト1に残ったのは、九州地区から唯一出場していた木村明日美さん。賞状・賞品が授与され、今後海外の新たな市場がオープンする際に、グローバルスターチーム（P82参照）に参加できることが、約束されました。

Qestion B

一番酸味が強いのは?

1 コーラ
2 バナナ
3 サタデーナイトのディスコ
4 水

Question A／3　Question B／1

Q　クリントン前大統領もスターバックス好き？

小石原所蔵品

サイレンマークの、しかも、ハンドル付きの珍しいショートタンブラー。スターバックスの社員でも、持っている人はほとんどいない代物、だそう。同じものをお持ちの方は、大事に使ったほうがいいですよ！

A

某英字新聞の記事によると、1998年、2度目の来日時に、わざわざ外務省の人間が日比谷にある店で購入、故・小渕首相との会食の場となった天ぷら屋まで届けたという逸話あり。ちなみに注文したのはクリントンがディカフェ モカジャバ。小渕首相はハウスブレンドを試したそう。

interview

角田雄二

Yuji Tsunoda

スターバックス コーヒー ジャパン(株) 代表取締役社長

PROFILE

1941年生まれ。1966年、(有)日影茶屋に入社。1981年、ロサンゼルスにユージン・アンド・アソシエーツ社設立。「チャヤ・ブラゼリー」を開業。1995年、スターバックス　コーヒー　ジャパンの社長に就任。(株)キハチ・アンド・エス取締役会長兼任。サザビーの鈴木陸三CEOは実弟にあたる。

「スターバックスのこと、案外シンプルに信じているんだよね」

コーヒーの香りとビッグスマイルに感動して、手紙を書いたんだ

　ボクが初めてスターバックスを知ったのは、ロサンゼルスにいたころ。サンタモニカにある『チャヤ・ベニス』というボクの店の近くにスターバックスのカリフォルニア1号店がオープンしたんです。もちろんシアトルの喫茶店なんてことも知りませんでしたが、雰囲気が※『アフタヌーンティー』に似ていたから入ってみた。

　初めて飲んだのは……たぶんドリップコーヒーです、本日のコーヒー。だって、何をどうやって頼んでいいか、さっぱりわかりませんでしたから、これには困りましたねぇ。ですから、2度目に行ったときは、前の人が頼んでいるのを聞いて、同じように頼んだ。難しいですよね、お客様にとっては。今の時代は「チョイスする楽しみがある」なんて言ってくださるけど、最初は絶対ハードル高いと思います。

　しかし、そこで「コーヒーはこんなにおいしいものなのか！」と感動しまして。味に、というよりコーヒーの香りがとてもよかった。それと、店の人のサービス。どうしてこんなに明るく接することができるん

※サザビーの生活雑貨店。ティールームを併設している。

だろう？　と思いましたよ。それでいて全然押しつけではないし。

　それらに感激してスターバックスに手紙を書いたんです。

「コーヒーの香りがすばらしい。ビッグスマイルがいい」そんなことです。

「でも、食べ物はあんまりよくない、マーチャンダイズ（商品の）も大したことないな。それでも、コーヒーとビッグスマイルは気に入ったから、日本にもし出店したいなら、一回話をしないか？」とね。

　誰に出していいかわからないから、宛先は「スターバックスコーヒー様」。

　そうしたら一週間もしないうちに電話がかかってきて、「ユージ！」なんていうから「なんだかフランクな奴だな」と（笑）。ともかく一度シアトルに来てくれということ

とになって。それがはじまり。

当時、大きな会社からもたくさんオファーがあったらしいんだけど、彼らは大きな会社よりは、むしろリテール（小売店業）をよく知っている会社を提携相手に探していたんですよね。

サザビーは「衣食住」に対し半歩先の生活を提案することを掲げ、スターバックスはコーヒー文化というものを基にして「手の届く贅沢」を目指していた。同じことですよ、会社の目標が。サザビーとスターバックスの価値観が全く一致した。

リテーラーとしてサザビーが一応スペシャリストだということが一番大きかったとは思います。しかし、彼らにしてみれば「サザビー」は未知の会社ですから、よく提携先に選んだなと思いますね。

ボクらに必要だったのは、スターバックスの仕組みではなく、「心」だった

シュルツの『スターバックス成功物語』という本には「みんなと一緒にゴールを目指したい」と書いてありますが、ちょっとカッコよすぎますよね。最初は「こんなこと、本気で考えているのか？」と思いましたよ（笑）。でも一貫していますね、スターバックスのメッセージはそこにある。

彼の考え方は、自分が発言して相手の発言を殺してはいけないということ。相手が発言できる環境を作るっていうのは、それは今でも徹底しています。みんなの意見をいかに吸収するかということが自然に出来上がっている。作為的にやっているのか彼の人間性なのか……だから、会社全体がそ

2000
LATIN AMERICA
Siren's Song
Ahhh, Summer at
CHAYA
Ahhh, Summer at
CANDY POPCORN
STARBUCKS
JAPAN
LATIN AMERICA
Ahhh, Summer at
WINTER
CANDY POPCORN
CANDY POPCORN
rewards

ういう空気です。

ボクらが勉強しなくてはいけないのはスターバックスのシステムじゃない。この人たちの、人間としてのモチベーションと考え方のすばらしさにこそ、学ぶべきものがあると気がついたんです。

そして、それはボクもレストランオーナーとして目指していたものだけれど、自分では完全にはできていなかったことだった。スターバックスはそれを実践していたから、なんとしてでも取り入れなくては、と感じたんです。

でも、その方法をどうしていいのかはわからなかった。だから、「会社はみんなの力で動いているんだ」という概念をストレートに表現するしかないなと思った。

マネをしたんですね、早く言えば。マネをしたんだけど、逆に本当にできるのかなと思った。やはり違いますから、日本人と西洋人とは。

本当にアメリカと同じような会社を作れるのかと思いました。でも幸いに、何人か入ってきた仲間が、アメリカに行ったり、そのような環境に浸っているうちに、何が自分を気持ちよくしているのかをキャッチしてくれた。アメリカからのスターチームというパートナーたちの助っ人も来てくれましたし。

彼らはいつもにこやかに、いつも相手にやさしくて……最初に来たときに「ボクらはあなたたちのために来たんだ」、「自分たちは仲間が楽しんでくれるために来たんだ」と毎日言うんですよ。もう、いいかげんにしろよ～と思うけど（笑）、でも、その空気はみんなに伝染して。今は、日本もアメリカと同じ雰囲気ですよ。

だから、ボクと日本での立ち上げを仕掛けたハワード・ビーハーたちが日本に来ると、「昔の自分たちみたいだ」と感じているようです。ちょうど２００店くらいのレベルで、案外目が届いて、みんなで共有できる空気を感じるからじゃないかな。

ハワード・シュルツという男は、カリスマ？　天才？

はじめは、「なぜこの人たちはこの会社に対して、こんなに意識を統一して持てるのだろう」と思った。これはひとつのハワード・シュルツ教みたいなものであるのかもしれないなって（笑）。

というより、人を感動させる、彼の持っているハートが今も変わらないこと。それが人を染めていくんだよね。

そして、その「ハート」を多店舗展開というなかで彼らはずっと維持してきた。

これは天才的ですよ。みんなをここまで乗り気にさせるんですから。

はたして乗り気にさせようと思ってやっているのか、自分が本当にそう思って会社をやってきているのか……もちろん彼はそれが正しいと思って言っているだけであって、自然に彼が持っているカリスマ、彼の精神が新しい仲間を引き込んで、共に進んできたということだと思うんですけどね。

最初のうちは「キレイゴト言って」と思っていたわけです。

しかし、今は本当に「会社はみんなの力で動いているんだ」と思うし、そういうふうに自分たちが信じていないといけないのかもしれない。それが人にインフルエンザのように伝わっていくんだよね。

そうして、みんなが本気で、「みんなの力で動いているんだ」という気持ちを共有してくれることで、ボクが思っていた以上の力が発揮されているわけですよ。

だから、スターバックスのこと、案外シンプルに信じているんだよね、今は。

みんなにこういうひとつのＤＮＡが流れれば、あとは共感する人たちがついてきますから。

これを国内５００店舗になったときに、浸透させていけるのか？

難しいこともあると思う。伝言ゲームのように違う形で伝わってしまうことも十分に考えられるし。

しかし、そこをなんとかできれば、ハワード・シュルツに出会って、今まで見てきた彼らのプロセスのように、ボクらも守っていけるのではと思う。努力しないとダメでしょうけど。

正直な話、難しいと思います。出だしから今まで、まだ5年ですから。会社とすれば立ち上げ時期だと思うんですよね。だからもっと時間が経過しないと、成功か失敗かもわかりませんから。

バブルの時代に脚光を浴びた会社が、本に紹介されたとたんにおかしくなったというようなこともありましたし、だからわからないですよ（笑）。

時代が変わっても、スターバックスのハートは変わらない

日本での展開は思った以上にはじけましたね。銀座松屋通りの1号店オープンのとき、大勢の人で行列ができたんです。これは笑い話じゃないんですが、シュルツは「サザビーがサクラを雇って並ばせたんじゃないのかと思った」と今でも言っています。

今の出店ペースは年間に約１００店。それに対応するチームを作ってしまいましたから。店舗開発にしても設計にしても。そのペースを落とすことはモチベーションを下げる。人材教育をする仕組みも作って年２００店ペースにすれば、２００３年度末には間違いなく５００店舗に届くでしょう。

５００店以降は？　と、よくみんなに聞かれるんですけどね、この先どうなっていくかは自分では読めない。迷っているのではなくて、ブランドをどう成長させていくのかは、今の時代、５年10年先のことに対応することができませんから。

ですから、今のところはまず５００店舗。５００に近づいて、達成できるようになったら次のことを考えるでしょうね。ひとつ言えるのは、決して５００店舗がゴールではないということです。

今後もスターバックスのポテンシャルというのは山ほどあります。コーヒーストアとしての展開はもちろん、そこから波及して出てくる「スピリット」を売っていく可能性すらありますね。

現在のスターバックスはアイテムが少ないと思います。これからはフードに関しては特に力を入れて動きます。あとマーチャンダイズ。時代の何歩か先を行こうとしたら、違ったマーケットに商品を提供していくこともありえます。それが、リテーラーとして努力していかなければならないことではないですかね。

夢は数字で言うのか何で言うのかは難しいところですけど、やらなければならないことはたくさんある。時代と共に変化していくんじゃないですか。

昔だったら喫茶店は５００円以上するコーヒーを頼んで、タバコを吸って……それが、タバコは吸えない、オーダーも取りに来ない、さらに、なんだか名前のややこしいコーヒーが並んでいる。そんな状況の中で、これだけ多くのお客様に使っていただけるというのは、まさに時代の変化ですよ。そして、これからももっと変わっていくでしょう。

ですから、お客様に我々の押しつけをするのではなく、お客様がそれをコンフォタブルと感じ、そのほうがいい環境を作ることができるのであれば、スターバックスの仕組みすら変わっていく可能性はあるかもしれない。

でも、スターバックスのハートはずっと変わりませんよ。

ボクの好きなコーヒー

アメリカのコーヒーは番茶の感覚。一日に何杯も飲むから、あの薄さがいいんです。アメリカにいる時代はそんな飲み方をしていたので、会社ではいつもカフェアメリカーノですね。それも、最初は薄いのを飲んでいました。ところが、最近はだんだん濃いコーヒーが好きになってきまして、今はダブルショットのアメリカーノをショートサイズで飲んでいます。

好きなのは、コーヒープレスでいれたコーヒー。豆は『ケニヤ』か『グアテマラ　アンティグア』。両極端の性格の豆ですけどね。『ケニヤ』というのは、きっと誰でも好きですよ。といっても、ボクの場合、最初に「ケニヤはうまいんだよ」と教えてくれた人の影響だったり……以来、ずっとそう思うようになってしまって。プロじゃないじゃないかって言われそうですね（笑）。

家にいるときは、毎朝、自分でコーヒーをいれます。日曜日はなおさら気分がいい。豆は自分好みの挽き方にして、4分間待つのも好きな時間。かき回すとプーンと香りがして……そういうひとときをコーヒーと一緒に家庭や職場の中に提供できればいいな、というのがボクらの考え方ですね。

COLUMN

がんばれ、佐々木主浩選手！

スターバックスと〝大魔人〟佐々木は、日米高校生の夢を応援しています

右／シアトル　マリナーズ　佐々木主浩選手
左／スターバックス コーヒー ジャパン　角田雄二社長
写真提供　スターバックス コーヒー ジャパン（株）

シアトル生まれのスターバックスと、シアトル　マリナーズで活躍中の佐々木主浩選手が協力し、日米の高校生をサポートするイベント「CHALLENGE PROGRAM 2001」が、昨年に続き今年も実施されています。

公式戦での佐々木選手の1セーブにつき、スターバックスコーヒージャパンが10万円を積み立て。総額を、神戸市とシアトル市の姉妹都市交流事業である「シーフェア・アンバサダーズ（高校生の国際交流事業）」に寄贈するというものです。

昨年度、新人記録の37セーブをあげた佐々木選手は「今年は40セーブを目標にがんばりたい」とコメント。5月14日現在の記録は17セーブ。活躍を期待しています！

Q パートナーになるといいことがある?

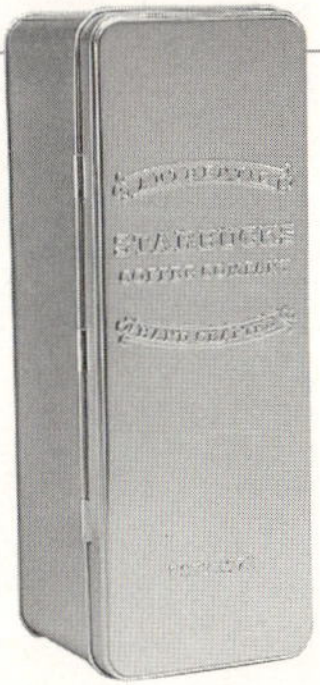

小石原所蔵品

旅先で、豆を購入したときにくっついてきた、いわばおまけみたいなモノ(豆袋がこの中に入れられていたのです)。ぺなぺなのブリキ缶なのですが、捨てる気になれなくて……。ああ、こうして、どんどんグッズが増えていく。

A

なんといっても、あの! 緑のエプロンが着けられる!! パートナーは全員、毎週100グラムずつコーヒー豆がもらえます。また、ドリンクは社員割引があるようです。いいことといえば、お客様と恋が芽生えるなんてこともあるような……!?

プラスαな
ユニーク店舗を
紹介します

同じスターバックスでも、店舗によって個性はさまざま。
次に行ってみたいお店はどこですか？

スターバックスなんでもNo.1

ハチ公前交差点に面した、いやがおうにも目立つロケーション

来客数No.1

SHIBUYA TSUTAYA店

1999年12月17日オープン。圧倒的な集客力と朝4時までという長い営業時間が手伝って、たちまち来客数No.1店に。さらに全世界のスターバックス約4100店舗の中でも売り上げNo.1! ワールドレコード保持者なのです。待ち時間の短縮化のため、エスプレッソマシーンはオートマティック、ドリンクのサイズはトールのみ（パーソナルカップ持参の場合は、ほかのサイズもオーダー可能）。

標高No.1

**名古屋JR
セントラルタワー店**

店舗から見える位置には、小さな噴水も。かなり和みます

今のところ、日本でもっとも高い位置にあるスターバックス。ビルの階数でいうと13階。堂々の1位です。大阪の第1号店である、梅田HEP FIVE店も健闘したのですが、7階ということで、名古屋JRセントラルタワー店には及ばず。なお、大型ビルの中に入居しているのでなく、路面店で背の高い店舗は、大阪の戎橋筋戎屋ビル店。4階建てです。

オリジナルフードメニューが充実

ゲートシティ大崎店

現在、キッチンを併設しているスターバックスはここ1店舗のみ。そのため、焼きたてのスコーンや、ほかにはないバゲットサンド、凝った具材を使ったサラダなど、限定メニューがいっぱい。また、ペストリー類を温めるサービスもこちらだけ。スターバックスの提供するフードメニューの、アンテナショップ的役割を果たす店舗なのです。そのためファンの間では、大崎店を訪れることを「大崎もうで」とも。天井の高い開放的な空間も、落ち着いた雰囲気の内装が多いスターバックスの中では新鮮です。座席数は117席。

ほかでは食べられないオリジナルメニューがうれしい

ワインとビールも楽しめます

神戸国際会館SOL店

写真は、同じ神戸国際会館SOLの地下１階にある通常店舗

神戸国際会館SOLは1つのビルに2つのスターバックスがある珍しい建物。6Fのホール“ホワイエ”に、催しものがあるときだけ、ホールに入場されたお客様用に営業する特別なカウンターがあるのです。ここではアルコールも販売。開演時間までの間、コーヒー（ホット&アイス）、ジュース、シアトル産のビール「レッドフック」やワシントン州のワイン（赤が「コロンビアアクレスト」、白が「ステートンヒルズ」）が楽しめます。

キリ番のお店はココ！

立川伊勢丹店ほか

“最新キリ番”の立川伊勢丹店

キリのいい番号、それが「キリ番」。なので、1号店の銀座松屋通り店、100号店の山王パークタワー店、そして、今年1月24日にオープンした200号店、立川伊勢丹店がそれに該当します。そして、100号店と200号店の内装はちょっと特別。山王パークタワー店は日本人アーティスト・田中英子さん作のコラージュペイントが、立川伊勢丹店には、同じく山本頼子さんが描いた絵画作品が飾られています。

晴れた日の特等席 テラスのある店

井の頭公園店ほか

井の頭公園への小径沿い。開放的な空間です

シックな店内でコーヒーを味わうのもいいけれど、お天気のいい日は青い空の下でフラペチーノでも楽しみたい！　そんなときにぴったりなテラス席のある店舗は、吉祥寺東急店、横浜［アット!］店、大阪ガーデンシティ安田生命ビル店、マリノアシティ福岡ピアウォーク店など。また、お店の窓が開いてオープンカフェのように全開するのは、横浜元町店、青山外苑通り店の1階などがあります。

ペットにも 親切に対応します

南町田グランベリーモール店

お皿は大・小と2種類そろっています

あるパートナーが、ペットに紙コップでお水をあげているお客様の姿を目撃。でも、紙コップでは犬が飲みづらそう。気の毒に思い、お隣りのペットショップで犬用のお皿を購入し、以後犬連れのお客様に貸し出すようになったそうです。ショッピングモール内というロケーション、加えてテラス席が52席もあるため、ワンちゃんの常連さんも多く、評判は上々だそう。

ヘルシー志向の方へ豆乳をどうぞ

六本木店ほか

外国人のお客様の多い六本木店ではかくれた人気メニュー

牛乳に比べビタミン類を多く含み、コレステロールが気になる人でも安心して飲める豆乳。六本木店、赤坂店、渋谷文化村通り店、城山ヒルズ店などでは、ドリンク代プラス50円で、使用するミルクを豆乳に変更できます。健康のためだけでなく、豆乳ならではのちょっと違う風味を楽しんでみるのもおすすめ。麦芽飲料のような、軽い香ばしさが加わります。TV番組で紹介され、人気上昇中とか。

外国人に人気、フルーツのある店

アークヒルズ店ほか

朝のスタートには、ビタミン豊富で新鮮なフルーツを!

コーヒーとペストリー類だけでなく、フレッシュな果物も一緒に食べたい! という声は多いみたい。特に外国人・ビジネスマンのお客様率の高いアークヒルズ店、KDDIビル店、六本木店、丸の内三菱ビル店では、毎朝スタンバイ。食べやすいリンゴ、オレンジ、バナナの3種(丸の内三菱ビル店はバナナのみ)が置かれています。ビタミンや食物繊維を補給して、1日頑張りましょう!

くつろぎのひとときを演出。暖炉のある店

銀座マロニエ通り店ほか

円形の暖炉を囲むように、ゆったりとしたソファが並ぶ

寒い日の夜、暖かそうな火を見つめているだけでも、ほっと心が和むもの。六本木店、銀座マロニエ通り店、札幌パルコ店には、そんなときにうれしい暖炉が備わっています。いずれも本物の火ではありませんが、ちゃんと暖を取ることができます。夏の間は大丈夫だけれど、寒さが厳しくなっていくにつれ、暖炉の周りの席で激しい争奪戦が展開されそう!?

雑誌を読みながらコーヒーブレイク

下北沢店ほか

待ち合わせの相手がなかなか来なくて次第にイライラ……。そんなとき、本や雑誌があれば時間はつぶせるし、面白い記事を読んだら気分も落ち着きそう。下北沢店、銀座マロニエ通り店、人形町店には店舗に備えつけの雑誌が用意してあります。運悪く待たされちゃったときは手にとってみては?　言うまでもないですが、お店のお客様が共有するものなので汚したり破いたりしないように。

実は、地下フロアもアリ。意外と広い下北沢店

ホテルに入っている店

ホテルプリシード名古屋栄4丁目店ほか

駅に近く、観光スポットへのアクセスも便利

ホテルプリシード名古屋栄4丁目店のほか、JR八王子駅前店（八王子京王プラザホテル内）、名古屋の栄東急イン店、ホテルリッチフィールド仙台店、ホテル博多セントラーザ店など全国各地にあるんです。出張や旅行の予定があるときは、ぜひ事前にチェックしておきたいもの。そのホテルに泊まって、朝目覚めたら即スターバックスへ!　なんていうのもオシャレです。

駅構内にある店

所沢ステーションビル店ほか

あわただしい朝も、ここだと、つい立ち寄ってしまうかも

改札を通った人とそうでない人が、お店の両側から利用できるダブルステーションタイプの店舗。これはアメリカでも例のない形式だとか。所沢ステーションビル店のほか、広島駅アッセ店も同様のスタイルです。また、利用できるのは切符を持っている乗降客のみですが、西武高田馬場店も駅構内にある店舗です。スターバックスが、駅を通る人の流れまで変えてしまった!?

豆はいつも全種類並んでいます

銀座松屋通り店ほか

ご存知、日本のスターバックス第1号店。いつもにぎわっています

スターバックスの誇るコーヒー豆、現在日本では16種類を購入することができます。ただ、店舗の立地やお客様のニーズに合わせ、取り扱う種類を限っている場合もあり。すべての豆がそろうのは、銀座松屋通り店のほか、千駄ヶ谷店、新宿サザンテラス店、まちだ東急店、御堂筋本町東芝ビル店、京都四条通ヤサカビル店など。飲んだことのない豆を試してみたいときは、これらのお店へどうぞ。

インターネットも利用できます

秋葉原CLICK&BLICK店ほか

JRのガード下、というちょっとユニークなロケーションです

ラテやシナモンロール片手に、インターネットにアクセスできるお店、あるんです。秋葉原CLICK&BLICK店は、パソコンのショールームや「インターネットカフェNEPPALA」とお隣同士。スターバックスのドリンクを、NEPPALAの座席に持ち込みが可能です。ちなみに、利用料は最初の1時間500円。また、Yahoo! Cafeと隣接している原宿B-SIDE店でも同様に、ドリンクを飲みながら遊べます。

パーソナルカップ、洗えます

渋谷公園通り店ほか

明るく、カジュアルなイメージのインテリアです

自分のタンブラーやマグを持参してドリンクを楽しんだ……。で、そのタンブラーはそのまま持って帰る？　ホイップ付きのドリンクなどを飲んだ後などは特に、きれいに洗いたいですよね。そんな希望を叶えてくれるのが、渋谷公園通り店をはじめ、比較的最近オープンした店舗。出口近くや、トレーを戻すゴミ箱のカートの近くに小さな流し台があるので、安心です。

こんなお店のオープンも待ってます！

　こうやって見てみると、200店舗以上もあれば、さすがにいろいろな特長を持つお店があるものです。これからさらに店舗数が増えていくと、場所は目と鼻の先でも雰囲気がまったく違うお店、なども出てきて、選ぶ楽しさが加わるはず。

　ちなみに、スターバックスのふるさと・シアトルでは、大げさでなく、1ブロックごとにサイレンマークがあらわれる！という密集度。また、中心部を少し離れれば、一軒家タイプ＋駐車場付きのお店や、ドライブスルー型まであるんです。こういった形態の店舗は、ぜひ日本でも実現してほしいものです！

COLUMN

銀座マロニエ通り店へ行こう！

"新しいスターバックスの顔"、銀座マロニエ通り店が登場しました

　とにかくゆったりしていて広い！が、第一印象。座席数は120席と、ゲートシティ大崎店を上回る規模。そのうち、ソファ席が40以上。暖炉のまわりにはオットマン（ソファとおそろいの足乗せ台）付きの席まである！　そして、この銀座マロニエ通り店最大の特徴は、テイスティング専用のカウンターが2階の客

席内にあること。パートナーさんに声をかければ、いつでも違う種類のコーヒーの飲み比べやエスプレッソマシン「バリスタ」の試飲を体験できます。テイスティングは1日2回、午後と夕方に行われ、こちらも誰でも参加OKです。

　また、広いスペースを活かし、将来的にはコンサートなどを開けるようにと、ステージ・音響設備も備えているそう。

　場所は松屋デパートの向かって左側の側道沿い、三原通りとマロニエ通りの交差する角地という立地で、夕方や週末は、席が埋まってしまう人気ぶり。一度は訪れてみたい、要注目店舗です。

中央区銀座3-7-3　銀座オーミビル1F-2F　☎03-3567-5713
営業時間　7:00〜22:00

Remember the gooey,
buttery-sweet,
CCINO · CAFFE

スターバックスの基礎知識

Basic Knowledge of STARBUCKS

スターバックスを楽しむために、押さえておきたい用語をピックアップ。大事なことから小ネタまで、知ってるあなたはもう“スタバ”通！

アニバーサリーブレンド【anniversary blend】
1996年、アメリカでの創業25周年の際に発表され、以後毎年秋に北米で発売されるオリジナルブレンド。日本では2001年1月の、200号店オープン記念時に数量限定で発売された。

アフターコーヒーミント【after coffee mints】
2001年ついに日本上陸。海外には、シナモンのフレーバーもアリ。

アリーmyラブ【Ally McBeal】
人気ドラマの主人公もスターバックスが好きでたびたびストーリーに登場。アリーの好きなドリンクはカプチーノ。

アロマ【aroma】コーヒーの豊かな香り。

イル・ジョルナーレ【il giornale】
ハワード・シュルツ氏が、一時期スターバックスコーヒーを離れ、独自に開いたエスプレッソバーチェーンの名前。

ウェット【wet】
泡の少ないカプチーノのこと。⇔ドライ

ヴェンティ【venti】
日本にはないカップのサイズ。その容量、なんと約600ml！

エキストラ○○【extra-】
オーダーの際、「温度を熱く！（＝エキストラホット）」「ホイップ多めがいい（＝エキストラホイップ）」という希望を伝えるのに用いる。

エクスペリエンスカード【experience card】
2001年3月31日から期間限定で配布されたスタンプカード。12個ためると、ドリンク300円分が無料になる、というものだった。

エッグノッグ ラテ【egg nog latte】
日本では、2000年クリスマスシーズンに初登場。期間限定のホットドリンク。濃厚な風味は一度ハマるとクセになる。

エプロン【apron】
基本はスターバックスグリーンのもの。一定の基準を満たしたストアコーヒーマスターになると、黒色に。また、クリスマスシーズンには赤いエプロンも登場。

オースティン・パワーズ・デラックス【austin powers deluxe】
この映画に、スターバックスは悪の帝王Dr.イーヴル配下の「No.2」の、努力に継ぐ経営努力で大手チェーン店へと拡大してきた、という設定で登場。

オープンハウス【open house】
新規店舗のおひろめ。詳しくはP31参照。

オファーボード
【offer board】
パートナーの「おすすめメニュー」が書かれたボード。「本日のコーヒー」の種類もここで確認できる。凝ったイラストなどにも注目。

キャラマキ【略語】
キャラメル　マキアートを略してこういう人、結構多し。

キャラメル アップル サイダー
【caramel apple cider】
2000年冬に登場した期間限定メニュー。温かいアップルジュースに、シナモンシロップをあわせ、ホイップクリームとキャラメルソースをかけたもの。ちなみに、炭酸は入っていない。

禁煙【no smoking】
コーヒーの風味を守るため店内は禁煙。どうしても吸いたい！という方はテラス席でどうぞ……。

クランベリーブリスバー
【cranberry bliss bar】
クランベリーとホワイトチョコレートの入った生地に、クリームチーズ&ホワイトチョコのクリームやクランベリーをトッピング。見た目も味もクリスマスらしさにあふれた、シーズン限定のスイート。

クリスマスブレンド【Christmas blend】
クリスマスに登場するオリジナルブレンド。その年毎にブレンドの配合が変わる。

クレマ【crema】
エスプレッソの風味や香り、甘みが凝縮される部分。いれたての、3層にわかれているエスプレッソの、一番上の泡の層。

ケニー・G【Kenny G】
サックスプレーヤー。ハワード・シュルツ氏が事業を展開した初期に知り合い意気投合、親友に。スターバックスのイベントで演奏するなど、交流が続いている。

コーヒースペシャリスト
【coffee specialist】詳しくはP76参照。

コーヒーゼリー【coffee jelly】
2000年夏の限定メニュー。無添加のためテイクアウトができなかった。甘みは一切ついておらずガムシロップをかけたり、ホイップを追加して自分好みの味を創作できた。

コーヒーゼリー フラペチーノ
【coffee jelly frappuccino】
詳しくはP86参照。

コーヒーパスポート【coffee passport】
コーヒー豆を購入するごとにスタンプを1個もらえ、8個集めると好きな豆と交換できる。

コーヒープディング【coffee pudding】
2000年夏の限定メニュー。ゼリー同様、無添加のためテイクアウトできず。

ココナッツ フラペチーノ
【coconut frappuccino】
詳しくはP87参照。

コミューター クーポン
【commuter coupon】
タンブラーを買うとついてくる、最初のドリンク1杯が無料になるクーポン。

コンディメントバー
【condiment bar】
詳しくはP27参照。

サードプレイス【third place】
スターバックスが提唱する、家庭と職場の間の、くつろげる空間のこと。つまり、スターバックスをさす言葉。

サイレン【siren】
スターバックスのマーク。北欧神話に出

てくる架空の生き物で、美しい歌声で漁師を魅了した人魚「サイレン」がモチーフ。創業以来3回モデルチェンジしている（本書の扉で歴代のマークが見られます）。

サポートセンター【support center】
スターバックスでは、本社のことをこう呼ぶ。シアトルのサポートセンターはSODO（P141参照）地区に、日本のサポートセンターは東京・神宮前にある。

シアトル【Seattle】
いまさら説明するまでもない？スターバックス発祥の地。

しおり【bookmark】
シーズンごとのプロモーションに合わせて絵柄の変わるしおり。裏面には、プロモーション中の豆の情報も載っている。

シスターパートナーシップ
【sister partnership】
神戸とシアトルが姉妹都市であることから、神戸の一号店である神戸国際会館SOL店とシアトルのAlaskan Way店も姉妹店として提携。両店内には、神戸タンブラーと同じ絵柄の額が飾られている。

シティマグ【city mug】
世界の主要都市の地名と、象徴的な絵柄が描かれた大型マグカップ。これとは別に、州名入りの「ステートマグ」も存在する。

シャチタン【略語】
名古屋タンブラーの愛称。名古屋名物「シャチホコ」が描かれていることが由来。

スターチーム【star team】
詳しくはP82参照。

スターバックスプレス
【starbucks press】
お店で入手できる、オフィシャルな情報満載のフリーペーパー。年5回発行。

スタバ【略語】
言いやすいからついつい使ってしまうのだけれど……。

スペースニードル【space needle】
高さ185メートル、シアトルの〝東京タワー〟的名所。シアトルエリアのスターバックスにはこれをモチーフにしたタンブラー（展望台割引券付き）が発売されている。そして、展望台でもスターバックスのコーヒーが飲める。

スリーブ【sleeve】
熱いカップを安全に持てるよう、カップにかぶせる、再生紙で作られたカバー。

ソロ【solo】
（エスプレッソの）1ショットのこと。エスプレッソ、エスプレッソ　マキアート、エスプレッソ　コンパナについては、イタリア語でショット数をあらわす。

タンブラー【tumbler】
携帯用のコーヒーカップ。プラスティック製のものがメインで、世界中でさまざまな絵柄のものが作られている。コレクターも多く、珍しいモデルには、ネットオークションなどで高い値段がつくことも。タンブラーの使用はリサイクルにも役立つので、これでオーダーするとドリンクが20円割引に（マグカップも同様）。

ダ・ヴィンチ【da vinci】
スターバックスが使用しているシロップのメーカー。現在スターバックスでは、バニラ、ヘーゼルナッツ、アーモンド、キャラメルの4種類が販売されているので、一度お試しを。

田中栄子さん【Eiko Tanaka】
100号店である、山王パークタワー店に飾られているコラージュ・ペイント「The Longest Noon」の作者。

ダブル【double】
ショットが2杯、の意味。エスプレッソ、エスプレッソ　マキアート、エスプレッソ　コンパナ以外のドリンク類の場合は、ショット数は英語で言いあらわす。

テイスティングパーティ【tasting party】
各店舗で独自に行われる、コーヒーに対する知識を深めるためのイベント。シーズンごとのおすすめの豆の試飲や、エスプレッソマシンの使い方指導など、その内容は店舗によって異なる。あらかじめ店内で日時がアナウンスされ、誰でも自由に参加できる。近くのお店で予定をたずねてみよう。

ディカフェ【decaffeinated coffee】
カフェインの抜き方に関する法規制の関係で、現在日本には1種しか入ってきていないが、本国には5種類の豆がある。

デイブ・オルセン【Dave Olsen】
長年コーヒーバイヤーを務め〝コーヒーの神様〟と称される、米国スターバックスコーヒー社の方。現在は同社バイスプレジデント。

トゥ・ゴー【to go】
テイクアウトする旨伝えると、レジを打ったパートナーがバーパートナーに「トゥ・ゴーで!」とオーダーを通す。

トラベラーリッド【traveler lid】
カップのフタの名称。取って飲んでいる人も多く見かけるが、泡と液体がちょうどよく混ざるよう飲み口が設計されているので、そのまま飲むのがおすすめ。

トラベルプレス【travel press】
粗く挽いた豆とお湯さえあれば、どこででもいれたてのコーヒーが楽しめる便利な道具。しかも、そのままでも飲めるので、カップいらず。

トリプル【triple】
もともとエスプレッソが2ショット入っているドリンクに、1ショットプラスする場合は「ダブル」でなく、こうなる。

トルタ ディ チョコラータ【torta di cioccolata】
バレンタイン&ホワイトデープロモーションに登場した、リッチなチョコレートケーキ。

ドピオ【doppio】
エスプレッソ、エスプレッソ　マキアート、エスプレッソ　コンパナについては、ショットが2杯の場合もやはりイタリア語で言いあらわす。

ドライ【dry】
泡の多いカプチーノ。泡が少なく液体部分が多いと、「ウェット」になる。

ドリンクカード【drink card】
ニューオープン時に配布されるスタンプカード。期限内にスタンプを9個集めると、非売品のマグなどがもらえる。

白鯨【MOBY DICK】
この小説に登場する、コーヒー好きの一等航海士の名前「スターバック」が、社名・スターバックスの語源となった。

ハマタン【略語】
横浜タンブラーの愛称。だからといって東京タンブラーや仙台タンブラーを「キョウタン」「ダイタン」とはまず呼ばない。

ハンドオフ【hand off】
ドリンクの受け渡しカウンター。人のドリンクと間違えないように注意!

バーンズ&ノーブル【barns&noble】
米国スターバックス社が提携している、アメリカの大手書店。カフェ併設の店舗ではスターバックスのドリンクが飲める。

バッグクリップ【bag clip】
豆袋の口を閉めるクリップ。鮮度が落ちるのを防ぐ。涼しく直射日光の当たらない場所におけば、さらに安心。

バリスタ【barista】P20参照。

パーソナル【personal】
マグなどを持参すると、レジのパートナーがバーパートナーにオーダーを通す際に「パーソナルで!」と声をかける。

パートナー【partner】P20参照。

パイク・プレイス・マーケット【pike place market】
80年もの歴史を誇る、シアトルの市場。スターバックスの1号店がある。

パンプキンタルト【pumpkin tart】
2000年秋に期間限定で登場したデザート。シナモン、クローブなどのスパイスの効いた、本格的な味わいでした。

ピンバッヂ【pins】
プロモーション中の豆を買うと、豆ラベルをデザインしたピンバッヂをもらえることアリ。

ファイト・クラブ【fight club】
ブラッド・ピット主演映画。劇中、スターバックスの店舗が破壊される場面が!

フォー・ヒア【for here】
オーダーの際、店内で飲む旨伝えるとレジを打つパートナーがバーパートナーに向かって「フォー・ヒア!」と声をかける。

フォーミー【formy】泡多め、のこと。

フラペ【略語】
フラペチーノを、こう略す人は多い。

ブラベ【blubber】
直訳すると「鯨の脂肪」。スターバックスでは、使うミルクの半量をコーヒー用クリームにすること。こってり感が増す。

フレーバーロック【flavor lock】
真空パック状の豆袋に付いているバルブ。中の二酸化炭素を出し、外気や湿気はカット。豆の新鮮さを保つことができる。

プラリネ モカ【praline mocha】
2000年冬期の限定ドリンク。ヘーゼルナッツとシナモン、2つのシロップが入った、香り高いカフェ モカだった。

ベアリスタ【bearista】
クリスマスなどに登場する、スターバックスオリジナルのクマのぬいぐるみ。名前の由来は"bear"+"barista"……

ベバレッジカード【beverage card】
ドリンク1杯と交換できるチケット付きの、グリーティングカード。販売されるシーズンによって絵柄が変わる。

ペーパートレイ【paper tray】
カップをはめる、持ち運び用トレイ。お願いするとペーパーバッグの中にこれを入れてくれる。

マキアート【macciato】
イタリア語で「シミ、しるしをつける」。エスプレッソ マキアートはエスプレッソに白いミルクの、キャラメル マキアートは最後に入れるエスプレッソでミル

クにシミがつくことが名前の由来。

マーキュリーマン【mercury man】
野球場の生ビールの売り子さんのように、コーヒー入りのタンクを背負い、コーヒーを配って歩く人。新規エリアの1号店オープン時にはたいがい登場している。

マジック・ジョンソン【Magic Johnson】
1998年2月、米国スターバックス社とマジック・ジョンソンのジョンソン・デベロップメント社が50%ずつの出資で提携し、アメリカ国内の主要都市部にある恵まれない地域への出店事業を始めた。この事業による店舗は、アーバンコーヒーオポテュニティーストアと呼ぶ。

メアリー・ウィリアムズ【Mary Williams】
コーヒースペシャリスト。P96参照。

めぐり逢えたら【sleepless in Seattle】
メグ・ライアン主演作。劇中、メグ・ライアン扮するアニーが、シアトルのホテルで友達に電話する場面では、スターバックスのコーヒーが傍らに置かれていた。

モカ バレンシア【mocha valencia】
オレンジ風味のカフェ　モカ。バレンタインプロモーションの期間限定メニュー。

山本頼子さん【Yoriko Yamamoto】
200号店である、立川伊勢丹店の店内アートワークを担当したアーティスト。

ユー・ガット・メール【You've Got Mail】
スターバックスがよく登場していたこの映画。メグ・ライアンがオーダーしていたのは、キャラメル　マキアート。

ユナイテッド航空【United Airline】
機内のコーヒーはスターバックスのもの。特製の缶入りフラペチーノも出していた。

リストレト【ristretto】
普通よりも少ないお湯で、短時間で抽出したエスプレッソのこと。薄く、キャラメルのような甘みが増す。

リフィル【refill】詳しくは、P64参照。

CD【compact disc】
クリスマスシーズンなどにプロモーション商品として登場する。

COMING SOON【coming soon】
新店舗の工事中に、表に掲示される横断幕には、サイレンのマークとこの文字が。

COD【略語】
本日のコーヒー（Coffee of the Day）の略号。「シー・オー・ディー」と音読する場合も。

CRM【略語】キャラメル　マキアートの略号。

ECP【略語】エスプレッソ　コンパナの略号。

ESP【略語】エスプレッソの略号。

FRP【略語】フラペチーノの略号。

JUST SAY YES!【just say yes】
パートナーの心構え。お客様の身になって、接客するという考え方。

L【略語】ラテの略号。

M【略語】モカの略号。

SODO【South of the KingDOme】
シアトル南部の軽工業地域の呼び名。マリナーズとシーホークスの本拠地、キングドームの南にある。

Tシャツフライデー【T-shirt Friday】
店舗で働くパートナーは、普段は襟のあるトップスを着用しなくてはならないが、金曜日のみTシャツを着てもよい。ただし、スターバックスのものに限る。

あとがき

スターバックスの本を作りたい。そんな話をしはじめたのは今から約1年前。途中、多少の紆余曲折がありつつも、こうして完成させることができました。出版をお許しくださった角田社長以下、ご協力いただいたスターバックス　コーヒー　ジャパン(株)のみなさまには、この場を借りて、改めてお礼を申し上げます。そして、産休ぎりぎりまで頑張ってくれたカメラマン・五十嵐氏、旅の予定をずらしてお付き合いくださったイラスト・あべ氏や、Webooksの方々にも無限の感謝を。どうぞみなさん、おいしいコーヒーで一息ついてくださいね。私も「ダブル　トール　ノンファット　キャラメル　マキアート」でも飲みに出かけます。

この本の感想、ご指摘、ご意見、著者小石原はるかへのお便り、待っています！
http://www.webooks.co.jp/starbucks/
携帯などメールからは starbucks@webooks.co.jp へお願いします。

本書のプロフィール

本書は、当文庫のための書き下ろし作品です。

「小学館文庫」の文字づかいについて

- 文字表記については、できる限り原文を尊重しました。
- 口語文については、現代仮名づかいに改めました。
- 文語文については、旧仮名づかいを用いました。
- 常用漢字表外の漢字・音訓も用い、難解な漢字には振り仮名を付けました。
- 極端な当て字、代名詞、副詞、接続詞などのうち、原文を損なうおそれが少ないものは、仮名に改めました。

スターバックス　マニアックス

著者　小石原《こいしはら》　はるか

二〇〇一年七月一日　初版第一刷発行
二〇〇一年七月二〇日　第二刷発行

発行者――山本　章
発行所――株式会社　小学館
〒一〇一―八〇〇一
東京都千代田区一ツ橋二―三―一
電話　編集〇三―三二三〇―五六一七
　　　制作〇三―三二三〇―五三三三
　　　販売〇三―三二三〇―五七三九
振替　〇〇一八〇―一―二〇〇

印刷所――図書印刷株式会社
デザイン――奥村靫正

Printed in Japan
ISBN4-09-417721-3

小学館文庫